SAUVEZ VOTRE ARGENT !

DU MÊME AUTEUR

Chez le même éditeur

Un trader ne meurt jamais, 2009
Pour tout l'or du monde, 2010

Chez d'autres éditeurs

Tu seras un homme riche, mon fils,
Bourin Éditeur, 2005

MARC FIORENTINO

SAUVEZ VOTRE ARGENT !

Mon régime santé pour vos économies

ROBERT LAFFONT

ISBN 978-2-221-12393-5

À Samuel et Laura

SOMMAIRE

Première partie

VOS QUATRE VÉRITÉS

Deuxième partie

LES HUIT COMMANDEMENTS

Troisième partie

MON RÉGIME... POUR FAIRE GROSSIR VOTRE ARGENT TOUT EN LE PROTÉGEANT

Quatrième partie

DIX MENUS FINANCIERS SIMPLES

INTRODUCTION

Votre argent est en danger

Inutile de vous voiler la face.

Sans tomber dans le catastrophisme des spécialistes qui nous annoncent que nous allons tous être ruinés dans cinq ans, les années qui viennent vont secouer vos économies et il va falloir attacher votre ceinture de sécurité.

La crise de 2008, la crise financière en Europe, le déficit et les dettes de l'État, le financement de la Sécurité sociale, la bombe à retardement des retraites due à la démographie et au manque de courage politique vont vous mettre dans une situation inconfortable, voire intenable :

— d'un côté la volonté de « sécuriser » vos placements en cas de nouvelle crise majeure ;

— de l'autre, la nécessité de compenser la baisse inévitable de votre retraite en gagnant plus d'argent avec vos économies.

Soyons clair. Que vous ayez 1 000 ou 1 million d'euros d'économies, vous allez vivre avec la même peur au ventre. À une différence près, une différence majeure. Avec 1 000 euros, l'enjeu, c'est de tenter de ne pas être SDF à la retraite ; avec 1 million d'euros, l'enjeu, c'est de s'assurer une fin de vie très tranquille et de transmettre le solde, si solde il y a, à vos enfants et petits-enfants.

Vous pouvez jeter dès aujourd'hui à la poubelle tous les guides classiques de placements, ou les livres de recettes miracles qui vous expliquent comment « placer votre argent pour arrêter de travailler plus tôt », « devenir riche en 10 minutes », « transmettre une fortune à vos enfants » ou « gérer votre argent pour partir riche à la retraite ». Les Américains sont les spécialistes de ces livres grotesques mais nous en avons quelques exemplaires en France aussi. À la poubelle. Tout de suite. Car ils ne sont pas seulement inutiles, ils sont dangereux. Ils sont cancérigènes pour votre argent.

Car tout a changé.

TOUT. Avec les crises financières à répétition, le monde de l'épargne et du patrimoine ne sera plus jamais le même. Jamais. Et la gestion de père de famille, le modèle absolu depuis les années 1970, a volé en éclats comme la famille elle-même, mais, alors que les familles se recomposent, la gestion, elle, continue à se décomposer.

Votre argent est en danger

Mon but n'est pas d'accroître votre stress ni votre anxiété.

Non. Les politiques qui ne comprennent rien à l'économie, les économistes qui ne servent à rien et les prévisionnistes qui prévoient toujours le passé mais jamais l'avenir le font déjà suffisamment.

Mon but n'est pas non plus de vous faire croire qu'il existe une martingale ou une recette miracle. Cela reviendrait à vous raconter qu'on peut soigner un cancer avec du thé vert…

Non. Mon but, c'est de vous aider à comprendre la réalité de la situation et de tenter de **protéger** vos économies, **ma** priorité absolue.

Et, si possible, de les faire **fructifier**.

To serve and protect. Être à votre service et vous protéger, c'est la devise de la police américaine. Ce sera la mienne dans ce manuel. Pour votre argent. Pour vos économies.

Des vérités, des règles et surtout un régime.

Un régime sévère. « Du sang, de la sueur et des larmes » dans cette guerre pour vos économies. Pas de rêve.

De 1 000 euros à 1 million d'euros

Les Français sont égalitaristes.

C'est l'image qu'ils se donnent et qu'ils veulent donner d'eux-mêmes à l'extérieur.

Tous pareils !

Tous pour un mais… pas un pour tous.

Car le problème, c'est que les Français sont aussi d'affreux capitalistes qui ne veulent pas se l'avouer. Ils ont, très souvent, un capital. Pas des millions d'euros mais des milliers d'euros, des dizaines de milliers d'euros, des centaines de milliers d'euros. 92 % des ménages français ont un placement financier (Insee 2010). Ils veulent bien qu'on touche à l'argent des autres mais pas au leur. Ne leur dites pas qu'ils sont riches. Non, les riches ce sont les autres, les salauds. Eux, ils ont trimé toute leur vie pour mettre un petit pécule, ne prononcez pas le mot capital, de côté. Et ce pécule, ils sont prêts à tout pour le préserver.

Seulement voilà, il y a un hic. Cet argent, votre argent… est en danger.

Ce livre s'adresse donc à vous, les millions de Français qui avez des économies. À la banque, sur des livrets, en contrats d'assurance-vie ou en Bourse. Cet argent peut s'envoler. Du jour au lendemain. Ou être pillé, volé, confisqué. Par le gouvernement en faillite qui commence déjà à nous bombarder de taxes et d'impôts, par les banques en quête de nouvelles sources de profits, par les marchés financiers, vastes machines à broyer les non-initiés, par les conseillers qui ne peuvent rien conseiller de bon car ils ne comprennent rien eux-mêmes. Vous êtes cernés, entourés. Ils veulent tous vous prendre le fruit de votre travail ou l'argent transmis par vos ascendants.

Je vais essayer de vous aider à le sauver avant qu'il ne soit trop tard car aujourd'hui le challenge n'est pas seulement de faire fructifier ses économies. Non. Le challenge, c'est d'abord de les conserver, et cela ne va pas être simple.

Au fait, me direz-vous, pourquoi commencer à 1 000 euros d'économies ? Parce que en dessous, je ne peux vraiment rien faire pour vous, je ne suis pas prestidigitateur. Désolé d'être cynique mais rassurez-vous, au moins vous avez la chance d'être en France, le paradis de l'assistanat. Aux États-Unis, au Brésil ou en Chine, vous seriez voué à une retraite dans un bidonville.

Et pourquoi s'arrêter à 1 million d'euros ? Choix purement arbitraire. Mais au-delà de 1 million d'euros d'économies financières, même si vous vous faites pigeonner, vous arriverez à sauver une retraite décente. Et avec 3, 5 millions ou plus, vous devez quitter le pays au plus vite pour aller dans un des paradis fiscaux qui, comme les autres paradis, sont censés avoir disparu mais n'ont jamais attiré autant d'exilés fiscaux.

Pourquoi vos économies sont-elles en danger ?

La crise de 2008, qu'on appelle la crise des « subprimes » du nom de ces prêts pourris que les banques américaines octroyaient à des ménages américains pour acheter une maison tout en sachant que ces pauvres bougres n'auraient aucun moyen de les rembourser, a été un séisme.

Inutile de revenir sur cette crise. Vous en avez eu pour votre redevance audiovisuelle avec des dizaines de débats télévisés, de flashes d'information et de reportages sur le sujet, et vous devez en avoir assez des livres incompréhensibles d'analystes « éclairés » avec des titres aussi originaux et variés que *Pourquoi la crise ?*, *Comment la crise ?*, *La Crise ?*, *Crise ou crises ?* et, bien sûr : *Après la crise ?*

Mon propos n'est pas non plus de savoir si la crise est de la faute des Américains, des Chinois, des traders, des banquiers, ou des politiques (bon, je vous le dis quand même : c'est de la faute des Américains et des politiques…), mais de **regarder en avant** pour qu'on arrive à sauver votre argent et à le faire fructifier. C'est la seule chose qui m'intéresse. Le reste, je le laisse à Jacques Attali, l'homme qui prédit l'avenir quand il est passé, et à Alain Minc, l'homme qui murmure à l'oreille des pigeons.

Tout a changé depuis 2008. Tout

Par le passé, une crise était une exception.

Aujourd'hui, c'est la règle.

Par le passé, un séisme financier, si on met de côté celui de 1929, était contrôlable.

Aujourd'hui, l'ampleur d'une crise est systémique.

Sur les vingt-cinq dernières années, leur fréquence est passée de 3 ans à 18 mois en moyenne, et sur une échelle de Richter, les secousses sont passées de 3 à 9 et plus.

Gérer son argent va consister maintenant à apprendre à piloter une F1 sur route verglacée entre deux rangées de snipers. On est loin de la balade sur la Nationale 7 avec une 404 familiale et des arrêts réguliers pour un pique-nique sur l'herbe en plein soleil.

Ajoutez à cela que la garantie de votre banque peut ne plus rien valoir, la garantie de votre pays non plus et vous comprendrez vite que, si vous gérez votre argent à la « papa », c'est la ruine assurée.

Pourquoi tout a changé ?

Là encore, je ne vais pas vous infliger l'histoire des marchés financiers depuis les temps bibliques et vous raconter les crises financières depuis le krach des tulipes (je peux en revanche vous donner une bibliographie complète qui vous clouera au lit pendant des semaines et remplacera facilement vos stocks de somnifères).

Je ne compliquerai pas non plus volontairement ce qui est simple, comme savent si bien le faire les spécialistes…

En gros, tout a changé car :

1. La finance n'est plus au service de l'économie, elle est au service de la finance, et elle ne vise donc plus qu'à générer des bulles et provoquer des crises pour générer des profits.

2. La globalisation a accru l'ampleur des crises. La démission d'un ministre grec ou thaïlandais peut ruiner un paysan de la Beauce en quelques secondes.

3. L'information, surtout la mauvaise information, celle qu'on distille pour vous induire en erreur, est disponible partout et en permanence grâce à Internet. Du coup les analyses les plus stupides et les rumeurs les plus délirantes peuvent instantanément déstabiliser n'importe quel actif financier.

4. Les princes des marchés financiers sont devenus les maîtres du monde. Il y a une trentaine de personnes, gérants de fonds spéculatifs ou patrons de banques d'affaires, qui peuvent faire exploser un pays ou un continent comme on le voit avec la crise de l'Europe.

5. Les politiques ne comprennent rien. Absolument rien. Ils sont depuis la crise dépassés par les événements et sont manipulés par les financiers. Et les politiques ont peur des marchés.

6. Les États ne sont pas gérés. Ils dépensent sans compter et accumulent des dettes et des déficits pour qu'un président puisse être réélu cinq ans et qu'un député puisse conserver sa voiture de fonction encore quelques mois. Après eux, le déluge.

7. La Chine est entrée dans l'économie mondiale sans en respecter la moindre règle. Elle déstabilise en permanence les grands équilibres. Son affrontement avec les États-Unis pour la place de première puissance économique atteint des sommets.

8. La nature humaine contient les germes de la crise : l'appât du gain et la panique sont les deux moteurs de l'investissement.

Je pourrais continuer encore pendant des centaines de pages mais vous avez là les raisons principales de la révolution que va connaître la gestion de votre argent.

Conséquence : la mort de la gestion de père de famille

On sait que la place des hommes dans la société n'en finit pas de subir des mutations profondes. Le modèle masculin de 2010 est bien loin de celui des années 1960. Mais il y a un homme qui est carrément tombé de son piédestal, complètement perdu, sans aucun point de repère, tellement déboussolé qu'il serait prêt à céder aux femmes le lourd fardeau qui pèse sur ses épaules : « le père de famille financier ».

Il y a encore quelques années, mais cela paraît déjà dater de plusieurs siècles, il existait une expression consacrée : « gérer son argent en bon père de famille ». Cette expression avait une connotation un peu péjorative certes, mais ô combien rassurante. Gérer en bon père de famille, c'était prendre peu de risques pour garantir son capital quitte à obtenir un rendement faible, mais néanmoins suffisant, pour subvenir aux besoins des siens, aux éventuels coups durs de la vie et à un complément de retraite bien mérité.

Gérer en bon père de famille, c'était ouvrir un livret A pour chaque membre de la famille, investir dans des emprunts d'État et dans des valeurs boursières pépères, des belles valeurs du CAC 40 qui « sur la durée ne pouvaient que s'apprécier ».

À cette époque bénie, la solidité des banques et des compagnies d'assurance n'était jamais remise en doute, le CAC 40 fluctuait mais finissait toujours par monter « si on gardait ses actions plus de dix ans » et les États constituaient un refuge absolu, une Mère Patrie financière dont la solidité ne faisait même pas débat.

Tout cela est fini.

OUT. À l'époque des femmes cougars, le père de famille financier est aussi dépassé que le macho au torse velu. La crise, que dis-je, les crises sont passées et repassées par là, et ce n'est pas terminé. Les banques n'inspirent plus confiance, elles peuvent faire faillite, les compagnies d'assurance n'inspirent plus confiance, elles peuvent faire faillite, et les États n'inspirent plus confiance, ils peuvent faire faillite !

Notre pauvre père de famille erre, hagard, aux abords d'un palais de la Bourse de Paris vide depuis bien longtemps, en cherchant une nouvelle voie. Et personne ne l'aide. Car personne ne sait ce qu'est une gestion de bon père de famille aujourd'hui. Le livret A n'a pas disparu mais franchement, avec les taux d'intérêt qu'il offre, le père n'aura bientôt plus que du pain rassis à offrir à sa descendance. Les obligations d'État sont des bombes à retardement et le CAC 40 attire peu car il est aussi devenu volatil, parfois plus, que le cours des petites entreprises dites à risque et pour investisseurs avisés. Alors, notre pauvre bougre se rue sur des lingots d'or physique qu'il planque sous son matelas. Du coup, il ne dort plus car il veille jour et nuit sur la seule garantie de son avenir financier qu'un voleur finira par lui dérober ou que le gouvernement finira par lui ponctionner…

**IL EST TEMPS DE VOUS PROPOSER
UN PLAN D'ACTION : MON RÉGIME.**

**MAIS, POUR COMMENCER,
JE DOIS VOUS DIRE VOS QUATRE VÉRITÉS.**

PREMIÈRE PARTIE

Vos quatre vérités

1/

Vous êtes le pigeon de service

**Avec vos 1 000 euros, vos 100 000 euros
et même votre million d'euros,
voici comment un financier vous voit :**

Avec ce que je vais vous dire, les dirigeants des principales banques ne vont pas mettre ma photo dans leur bureau ou, s'ils le font, ce sera pour servir de cible à leurs fléchettes.

Les conseillers des banques, et ils n'en sont pas responsables, ont des objectifs de vente de produits. Et, malheureusement, pas des objectifs basés sur la performance de votre argent.

On leur demande de placer le « produit du jour », même s'il ne correspond pas à votre besoin. Et on leur met de plus en plus la pression à mesure qu'on s'approche de la date de « péremption » d'un placement miracle vendu comme « frais », voire qu'on l'a dépassée. Il faut faire du chiffre et vous, le pigeon de service, vous êtes là pour avaler le nouveau produit à la mode qui dans le meilleur des cas ne sert à rien et ne rapporte rien – ça, c'est vraiment le meilleur des cas –, en règle générale ne sert à rien ou vous fait perdre un peu d'argent, et au pire ne sert toujours à rien et vous fait perdre beaucoup d'argent.

Le rendement d'une immense majorité des placements vendus par les financiers est plombé à la base. Par des commissions et des frais. Qui ne sont certes pas cachés. Mais qu'il faut découvrir avec une loupe derrière les petits astérisques en bas de page. Droits d'entrée, commissions de mouvement, commissions de gestion, etc.

Et quand le produit est compliqué, alors là, accrochez-vous ! Car, plus il est compliqué, plus il est « chargé » (c'est du langage de banquier), c'est-à-dire plus il y a des commissions et des frais divers. Le pire, ce sont les placements structurés. La seule chose qu'ils structurent, ce sont les frais…

Quant aux conseillers dits « indépendants », ils n'ont souvent d'indépendant que le nom. Une grande majorité cherchent à favoriser les compagnies d'assurance et les sociétés de gestion qui leur rétrocèdent le plus de commissions et qui organisent le plus de séminaires dans des hôtels de luxe à l'étranger ou sur un sublime bateau de croisière. Là, contrairement aux banques, je ne généraliserai pas car il y a, heureusement, d'excellents conseillers, professionnels et réellement indépendants.

Mon but n'est pas de renverser le système. Ni de le dénoncer pour le dénoncer. Mon but est de vous ouvrir les yeux pour qu'on puisse défendre ensemble et faire fructifier vos économies.

Vous voilà donc averti, ne venez pas vous plaindre quand vous recevrez vos relevés de frais et de commissions parce que vous avez cru au nouveau produit miracle commercialisé par votre banque ou proposé avec insistance par votre conseiller.

2/ Vous croyez encore au Père Noël

C'est facile de taper sur les banques et sur les financiers. Je le fais avec plaisir, d'autant plus que je suis ancien banquier et toujours financier, non repenti. Mais soyons honnête. Vraiment honnête. Est-ce que vous n'êtes pas un peu responsable quand même ? Un peu, beaucoup…

Vous venez pleurnicher quand vous vous êtes fait avoir mais je vais vous le dire franchement : c'est bien souvent votre faute. À votre âge, vous voulez encore croire au Père Noël ! On vous propose du 8 % sans risque et vous foncez. On vous propose un produit à capital garanti qui peut vous permettre de doubler la mise en huit ans et vous foncez. On vous propose un produit « dérivé » qui va vous rapporter 15 000 euros en un mois « sans risque » et vous foncez.

Quel est le problème de tous les épargnants qui veulent gagner de l'argent avec leur argent ?

Certes, on leur vend le plus souvent des produits pourris et inadaptés. Certes, ceux qui leur vendent ces produits ont des intéressements qui sont liés aux ventes et pas à la plus-value du client.

Certes, beaucoup de vendeurs sont peu scrupuleux.

Mais le problème n'est pas uniquement là.

Le problème, c'est qu'ils ne savent pas, vous ne savez pas, ou vous ne voulez pas savoir, ce qu'est le **TAUX SANS RISQUE**.

Le taux sans risque, c'est le taux auquel on peut placer son argent sans prendre AUCUN risque.

Aujourd'hui par exemple ce taux, si vous souhaitez que votre argent soit toujours disponible, c'est le taux du livret A : 1,75 %. Oui. 1,75 %. Pas plus.

Si vous allez voir un banquier ou votre conseiller financier en lui disant : « Je cherche un placement qui rapporte plus que le livret A, qui soit toujours disponible et garanti en capital », ne venez pas vous plaindre dans six mois si vous avez perdu 5 % ou 10 % de votre mise de départ car **SI VOUS VOULEZ GAGNER PLUS QUE LE TAUX SANS RISQUE**, c'est que… **VOUS PRENEZ UN RISQUE**. C'est tout simple. Si votre conseiller ou votre banquier vous dit que c'est possible, c'est un menteur, et, si vous le croyez, vous êtes complice et responsable de vos malheurs futurs.

Est-ce que vous avez bien compris ?

Tout est risqué. Tout. La Bourse, les obligations des entreprises, même des grandes entreprises, des États, surtout des États. Il ne s'agit pas de se faire peur pour rien, ou de ne plus rien faire. Non. Il s'agit d'être conscient qu'on prend un risque, de l'identifier et de le contrôler.

3/

Vous ne pouvez plus avoir aucune certitude

La crise de 2008 et la crise des États ont tout bousculé.

Elles ont réveillé des souvenirs en noir et blanc sur la crise de 1929. Avec des images qu'on pensait disparues pour toujours. Plus jamais cela, avait-on cru. Plus jamais de faillites bancaires, plus jamais de queues sans fin d'épargnants paniqués tentant vainement de retirer leur argent, plus jamais de financiers jonglant avec vos économies, plus jamais de laxisme politique en matière de réglementation, plus jamais… Et pourtant…

On n'a certes pas vu en 2008, à part en Angleterre devant la Northern Rock, les files devant les guichets d'établissements financiers, mais il s'en est fallu de peu, non ? Les États sont venus à leur secours. Les épargnants ont été rassurés. Quelques mois. Quelques mois seulement. Car ils se sont vite rendu compte que la plupart des

États qui avaient apporté leur garantie étaient eux-mêmes en piteux état. Et les banques ont repris leurs mauvaises habitudes et se sont remises à spéculer dès que l'État a eu le dos tourné. La crise n'a pas servi de leçon ; elle peut donc recommencer. Plus vite que vous ne le craignez.

Si les États étaient des entreprises, la plupart auraient déjà été déclarés en faillite par un tribunal de commerce international. Leurs recettes chutent avec la récession, les dépenses augmentent avec le chômage et le vieillissement de la population, et la dette a atteint des niveaux insoutenables. Pas seulement en Grèce, en Irlande ou au Portugal. Mais en France aussi, en Grande-Bretagne, au Japon et surtout aux États-Unis, première économie mondiale encore.

Vous devez donc intégrer aujourd'hui dans votre raisonnement qu'il n'y a plus aucune certitude et que le pire peut arriver.

Le pire, c'est quoi ?

Le pire, c'est que votre banque fasse faillite. C'est possible.

Le pire, c'est que votre compagnie d'assurance fasse faillite. C'est possible.

Le pire, c'est que la France soit en cessation de paiement et incapable de rembourser sa dette dans son intégralité. C'est peu probable mais c'est possible.

Nous devons tout envisager ensemble pour vos économies, pour votre argent. Le meilleur, ça c'est simple, mais le pire aussi.

4/ Vous êtes manipulé

Est-ce que vous vous rappelez ?

Quand le pétrole valait plus de 120 dollars, que les journaux télévisés de 20 heures ouvraient sur la pénurie de l'or noir et que tous les quotidiens titraient sur son tarissement. Quelques mois plus tard, le pétrole valait 35 dollars…

Quand l'euro valait moins de 1,20 dollar et que tous les spécialistes nous expliquaient que l'Europe allait exploser et que nous devions nous réhabituer au franc. Quelques semaines après, l'euro repartait à la hausse et dépassait les 1,40.

Quand le CAC s'effondrait en 2009 en dessous des 2 500 points et qu'il « fallait vendre toutes vos actions au plus vite ». Quelques semaines après, le CAC bondissait de plus de 15 %.

Je pourrais multiplier les exemples à l'infini, mais ne me dites pas que vous n'avez pas cru à la pénurie du pétrole, à la fin de l'euro, à l'effondrement des actions.

Et ce n'est pas votre faute. Vous êtes conditionné et manipulé.

Pour que les fonds et les maîtres du monde financier gagnent de l'argent, il faut que vous en perdiez. Pour que les grandes banques d'affaires américaines puissent vendre du pétrole à 120 dollars, il faut que vous en achetiez. Pour que des gros investisseurs puissent acheter des actions du CAC sur des niveaux très bas, il faut que vous paniquiez et que vous vendiez.

Et pour cela, tous les moyens sont bons.

Sans tomber dans la théorie du complot (je déteste les théories du complot), il faut juste que vous sachiez que quand il s'agit d'argent, on entre dans un monde où tous les coups sont permis. Quand vous passez un ordre d'achat d'actions Arcelor ou Alcatel dans votre petite agence bancaire, en face de vous, sur le marché, c'est peut-être George Soros ou Warren Buffett, ces grands gérants américains, qui vendent.

Vous devez prendre du recul, de la hauteur, de la distance. Dites-vous que l'information sur les marchés qu'on vous transmet est une information volontairement déformée, et ce n'est pas la faute des médias, ils n'ont pas les moyens de la vérifier. Il suffit de le savoir.

Quand toutes les unes de journaux vous disent : « Vendez », ne paniquez pas.

Quand toutes les unes de journaux vous disent : « Achetez », ne vous précipitez pas.

Il va falloir apprendre à ne plus croire tout ce que vous lisez ou vous entendez.

DEUXIÈME PARTIE

Les huit commandements

Préambule

Si vous avez commencé par vous dire : « Mais pourquoi **huit** commandements et pas **dix** ? », c'est que vous n'avez pas tout à fait encore saisi mes avertissements et que vous êtes toujours conditionné et donc manipulable.

Quand on vous dit « commandement », si vous pensez dix, c'est que vous foncerez encore si on vous dit placement sans risque mais à rendement élevé !

Il y a encore du travail pour vous désintoxiquer des lavages de cerveau que les financiers vous ont fait subir depuis des années.

Après vous avoir dit vos quatre vérités, et j'imagine qu'elles n'étaient pas forcément agréables à entendre (désolé…), il est temps de passer à une phase plus positive avant de s'attaquer au régime… La détermination d'une méthodologie qui va vous permettre à la fois de protéger et de faire fructifier vos économies. Comme je vous l'ai signalé dès le début de ce manuel, il n'y a pas de martingale miracle mais on peut, facilement, éviter les principaux écueils et, certes un peu moins facilement, profiter des opportunités qui se présentent.

Commençons par le commencement… les commandements.

PREMIER COMMANDEMENT
Apprenez à vous connaître

C'est une étape essentielle, fondamentale dans la gestion de votre argent.

Aujourd'hui encore plus qu'hier.

Regardez-vous bien en face et soyez prêt à accepter la vérité. Moi par exemple, j'ai toujours rêvé de ressembler à Marlon Brando jeune mais j'ai dû me faire à l'idée que j'étais le sosie de George Clooney et maintenant je suis mieux dans ma peau.

Soyons sérieux, je m'explique.

En matière de gestion de vos économies, chaque cas est différent et chaque réponse sera donc différente.

Il y a des facteurs évidents qui vous différencient. L'âge, par exemple : vous n'allez pas gérer votre argent à 30 ans comme à 50 ans. Votre situation familiale. Vous avez tous sûrement vu ces questionnaires que les banques vous demandent de remplir pour « mieux vous connaître », ce qui ne les empêche pas pourtant de vous vendre un produit qui ne vous correspond pas mais qui leur rapporte la plus grosse commission.

On y lit pourtant des questions utiles.

C'est indispensable. Prenez le temps de faire votre autoportrait.

Un vrai.

Vous pouvez pour cela définir aussi l'animal dont vous vous sentez le plus proche

— une fourmi (là, ça va être facile ; je parie même que vous n'avez pas acheté ce livre mais que vous l'avez emprunté à un copain) ;

— une cigale (votre cas est presque désespéré si vous n'êtes pas décidé à changer) ;

— un pigeon (une fourmi qui fait confiance à tous les financiers) ;

— un mouton (une fourmi qui joue à la Bourse sans être initié) ;

— un rat (une fourmi qui joue en Bourse en étant initiée, qui ne fait pas confiance à un banquier, un conseiller financier et même à ses amis, qui plume les cigales [c'est une image…] et écrase les autres fourmis). Je demande à ceux qui se reconnaissent ici d'arrêter de lire ce livre. Je ne les aime pas et ils n'ont pas besoin de moi.

Voilà.

J'espère que vous ferez un travail honnête d'introspection.

Si ce n'est pas le cas, la suite du manuel ne vous servira à rien.

DEUXIÈME COMMANDEMENT
Définissez vos objectifs

Que voulez-vous faire de votre argent ?

Vous en avez très peu et vous voulez en avoir beaucoup un jour en le plaçant :

Aucune chance. Jouez au loto.

Vous en avez beaucoup et vous voulez juste ne pas en perdre :

Facile. Moins qu'avant la crise, mais facile quand même.

Vous en avez beaucoup et vous voulez en avoir encore plus :

Je vous comprends mais qui dit gagner plus, dit prendre plus de risque.

Vous en avez un peu (tout est relatif...) et vous voulez le faire fructifier et le protéger :

C'est le cas le plus fréquent. Il va falloir faire des arbitrages drastiques.

Votre but est de :

— **Vous constituer une retraite ?**

Vous savez que les gouvernements ne pourront jamais payer les retraites à partir de 2015, vous avez raison.

— **Transmettre un capital à vos enfants ?**

Vous êtes trop gentil, à votre place, vu la façon dont ils vous parlent, je les laisserais se débrouiller seuls, mais c'est à vous de voir.

— **ne rien laisser à vos enfants mais vivre toujours confortablement** (là encore tout est relatif).

Définir ses objectifs est une étape essentielle. Là encore, pas d'hypocrisie. Soyez honnête avec vous-même. Et n'ayez pas peur d'être égoïste. Aujourd'hui, avec votre espérance de vie, votre priorité est de protéger votre retraite. Il y a d'ailleurs fort à parier que quand vous mourrez, vos enfants seront déjà proches de la retraite ; alors, qu'ils se débrouillent…

TROISIÈME COMMANDEMENT

Définissez votre profil de risque

Je sais combien vous êtes prêt à gagner : **le maximum**.
Je sais combien vous êtes prêt à perdre : **rien**. Et si je vous pousse dans vos retranchements, vous allez me répondre, contraint et forcé, **le moins possible**.

Je suis désolé de vous le dire mais ce sont des réponses qui ne me satisfont pas.

Il me faut un chiffre. Un pourcentage. Sur une durée.

Je vais vous aider.
Vous avez 50 000 euros de liquidités financières. Vous avez 35 ans. Un bon job. Vous voulez faire fructifier votre argent. Vous n'en avez pas besoin pendant un an. Vous êtes un peu joueur mais votre femme vous tuerait si elle apprenait que l'argent que vous avez mis de côté

pour un deux pièces sur la Côte d'Azur que vous souhaitez acheter dans cinq ans est parti en fumée : vous pouvez donc prendre le risque de perdre **10 %**, voire **15 %**. Pas plus. Pas moins non plus, car vous avez envie que votre argent vous rapporte.

Vous avez 400 000 euros de liquidités financières. Vous avez 78 ans. Vous êtes retraité : vous ne voulez rien perdre, quitte à ne pas gagner. Dans votre cas, c'est simple, vous ne pourrez viser que le taux sans risque.

Au-delà des problèmes d'âge ou de patrimoine de départ, il y a un facteur clé qui est souvent oublié dans les questionnaires traditionnels de gestion de patrimoine : votre caractère.

Vous pouvez avoir 30 ans et être peureux – quand il s'agit de votre argent, ce n'est pas une tare. Et vous pouvez avoir 70 ans et être joueur. Vous êtes ici encore dans la nécessité absolue de vous voir tel que vous êtes. Pas la peine de jouer les flambeurs si ce n'est pas votre nature, même si vous en avez les moyens. On doit s'accepter tel que l'on est !

Quand vous avez défini votre profil de risque, on peut facilement définir votre « profil de gain ». Je vous propose une règle enfantine : on doit avoir pour objectif de gagner le double de ce qu'on est prêt à perdre. Vous êtes prêt à bloquer votre argent un an et vous êtes prêt à perdre 5 % ? Vous devez espérer gagner 10 %. Simple, non ?

QUATRIÈME COMMANDEMENT
Faites la diète

Je vais vous surprendre.

Je vais même vous énerver.

Vous allez être tenté de dire : « Je n'ai pas payé 14 euros pour lire une évidence pareille, ce gars se moque de nous. »

Mais je n'ai pas le choix, je dois vous dire la vérité.

Le meilleur moyen de sauver votre argent et d'accroître votre patrimoine…, c'est de **DÉPENSER MOINS**.

Quand vous avez fait comme moi le tour de tous les régimes alimentaires, vous vous apercevez en fait que pour maigrir il n'y a qu'une solution : manger moins.

Pour le régime financier, c'est pareil. La meilleure solution pour gagner plus, c'est de dépenser moins.

Je sais. Ce n'est pas gai. La vie est trop courte (ce qui est faux d'ailleurs puisqu'on vit de plus en plus vieux), il faut en profiter. Certes ! Mais la cigale qui a trop chanté en été ne passera pas l'hiver.

À vous donc de faire vos choix. Mais faites-les en connaissance de cause. Rien ne sera plus efficace qu'une cure d'austérité financière. Si vous n'en avez pas envie, je ne peux que respecter votre décision. Mais sachez que déjeuner ou dîner peu au restaurant, changer votre voiture cinq ans plus tard que prévu, réserver à la dernière minute sur un site Internet vos vacances… en France et pas à l'étranger, acheter systématiquement vos vêtements en solde, ne pas vous ruer sur le dernier smartphone, etc., vous fera gagner plus d'argent que n'importe quel placement miracle.

Les années qui s'annoncent vont être difficiles au plan économique. Nous entrons dans une longue période de croissance molle (quand il y aura de la croissance), alors réfléchissez bien. Chaque dépense inutile est un placement à rendement élevé négatif.

Je vous avais prévenu que mon régime allait être sévère…

CINQUIÈME COMMANDEMENT

Simplifiez votre rapport à l'immobilier

C'est un manuel de survie pour votre argent, mais on ne peut pas parler d'argent à un Français sans évoquer l'immobilier, surtout avec la flambée actuelle des prix. Car l'argent que certains ont économisé est destiné à constituer un apport pour un bien immobilier. Et pour ceux qui ont un patrimoine important, l'immobilier est souvent le principal support d'investissement.

L'immobilier est le placement auquel les Français sont le plus attachés. Ils en ont même fait leur véritable capital retraite.

Répondons tout d'abord à une question essentielle que se posent tous ceux d'entre vous qui ne sont pas déjà propriétaires : **dois-je acheter ma résidence principale ?**

Si vous posez cette question fondamentale à un spécialiste, vous n'aurez jamais une réponse simple. Vous recueillerez de nouvelles questions qui vous poseront plus de problèmes qu'elles ne vous apporteront de solutions. Avec un zeste d'analyse sur le prix de l'immobilier, toujours bon marché pour les agents immobiliers et les journaux spécialisés, toujours trop cher pour vous qui êtes le seul à devoir débourser l'argent.

Et pourtant la réponse est assez évidente et repose sur quelques principes clairs :

1. Hors période de bulle immobilière (une bulle immobilière, c'est une période où vos amis non professionnels de l'immobilier gagnent plus d'argent en achetant et en revendant un an plus tard des studios ou des deux pièces qu'en faisant leur job, une période où on gagne déjà de l'argent rien que pendant la durée de la promesse de vente), **il est impossible de prévoir l'évolution des prix** de l'immobilier. Tout le monde se trompe. Surtout les spécialistes.

2. **Il n'y a rien de plus désagréable que d'être SDF** quand on perd son job ou quand on part à la retraite.

3. **Les taux d'intérêt sont un élément essentiel d'une décision d'acquisition immobilière**. Or ils sont très bas depuis la crise de 2008. Ils peuvent certes encore baisser mais, historiquement, ils sont à des niveaux très attractifs.

Dès lors, la conclusion est simple :

Il faut acheter votre résidence principale le plus vite possible, le plus jeune possible si :

— nous ne sommes pas en période de bulle ;

— les taux d'intérêt sont bas ;

— vous avez un apport de 20 %, idéalement 30 % minimum en ayant couvert les frais notariaux et annexes.

MAIS SURTOUT si :

— **vous avez une visibilité de cinq ans minimum sur votre revenu** et qu'il vous permet d'absorber une charge de remboursement qui ne doit pas excéder un tiers de votre revenu net post-impôt. Pourquoi cinq ans ? Parce que, dans l'environnement économique actuel, il est difficile, voire impossible, de prévoir son avenir au-delà et que dans cinq ans, au pire (je suis désolé, je vois toujours le pire des cas), en cas de revente à perte, vous récupérerez au moins votre apport.

Évidemment, si vous avez de l'argent disponible et que vous n'avez pas besoin d'emprunter, achetez votre résidence principale. Être locataire et placer son argent, c'est possible, cela peut être rentable, mais je ne vous le conseille pas.

Quid en revanche de l'immobilier d'investissement ?

Vous avez de l'argent disponible : est-ce une bonne idée d'emprunter de l'argent pour acheter des appartements à louer ?

Là encore, la réponse est assez simple.

La rentabilité de l'immobilier locatif d'habitation, personne ne vous le dira car trop de gens se paient sur la bête, est médiocre au mieux, nulle dans la plupart des cas. Si vous n'êtes pas bricoleur (les biens loués sont souvent dégradés par les locataires et, si vous ne le faites pas vous-même, la remise en état vous coûte plus cher que les loyers perçus sur deux ans) et si vous n'êtes pas bagarreur ou si vous avez des états d'âme (c'est-à-dire que vous allez pleurer quand votre locataire va vous dire : « J'ai six mois de retard sur le loyer, je suis désolé, mais j'ai perdu mon travail et je n'ai plus aucune ressource »), le seul intérêt de l'immobilier locatif, ce n'est pas comme on vous le dira partout le **rendement** (il est nul ou presque), **c'est la plus-value que vous pouvez espérer**, c'est-à-dire une hausse du prix de votre bien par rapport à votre prix d'acquisition (frais compris) au moment d'une éventuelle revente.

Ayez donc conscience que, pour de l'immobilier locatif, vous faites un pari sur la hausse du marché de l'immobilier uniquement puisque c'est un placement dont le rendement est décimé par les aléas divers. Un pari, c'est le mot, car personne ne peut prédire l'évolution de prix de l'immobilier même si dans le passé, sur des périodes très longues, l'immobilier a toujours progressé.

SIXIÈME COMMANDEMENT

Transformez-vous en camembert

Vous connaissez votre profil.

Vous avez réduit vos dépenses.

Vous avez compris que la banque devait être à votre service et pas le contraire.

Vous avez réglé votre rapport à l'immobilier – nous n'en reparlerons plus car nous nous concentrons sur la gestion de votre argent.

Et maintenant, qu'est-ce qu'on fait ?

On fait un CAMEMBERT !

Un beau dessin dans lequel on va faire apparaître la répartition idéale de votre argent par type de produit.

Commençons par le BA BA de l'allocation d'actifs.

Oui, allocation d'actifs. Je sais : le terme est rébarbatif et peut paraître ésotérique aux non-initiés mais par pitié ne sautez pas cette page, elle est importante. Le terme d'« actif » est utilisé généralement pour un placement : fonds, actions, obligations, produits financiers, etc. L'allocation d'actifs consiste à déterminer la répartition de vos économies par catégories de placements.

Imaginons un monde dans lequel il n'y a que trois catégories de produits financiers :

1. du cash ou simili-cash, c'est-à-dire des placements liquides comme les comptes rémunérés non bloqués, des livrets A ou autres, et des sicav monétaires ;
2. des actions ;
3. des obligations (des emprunts d'État ou d'entreprise).

Le cash est supposé être le placement 0 risque (mais 0 rendement ou presque).

Les actions sont supposées être le placement le plus risqué.

Les obligations sont supposées être un placement à risque limité car, si on va jusqu'à l'échéance de l'emprunt, le capital est remboursé.

Prenons quelques exemples.

Un jeune qui a le goût du risque va avoir 0 % en cash, 0 % en obligations, et 100 % en actions. C'est une allocation « agressive ».

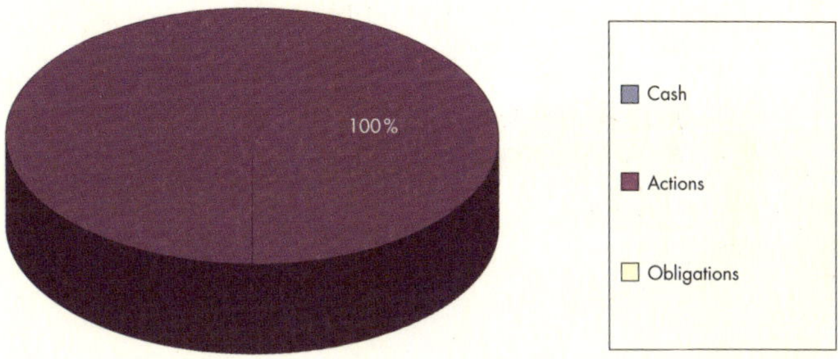

Un grand senior va avoir 0 % d'actions, peut-être encore 10 % d'obligations, et 90 % de cash. C'est une allocation « ultraconservatrice ».

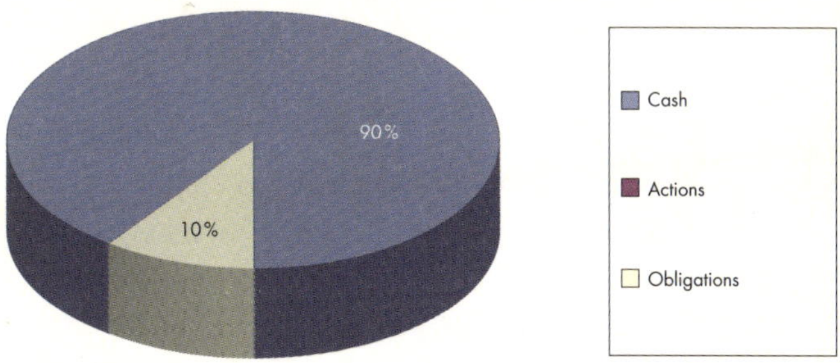

Un homme de 49 ans qui a un bon travail mais qui n'a pas de visibilité sur son boulot à plus de trois ans dans un monde où un Indien fait ce que vous faites, voire mieux, pour le dixième de votre salaire et un Chinois pour le quinzième, aura une allocation de type « équilibrée » : 20 % cash, 40 % actions, 40 % obligations.

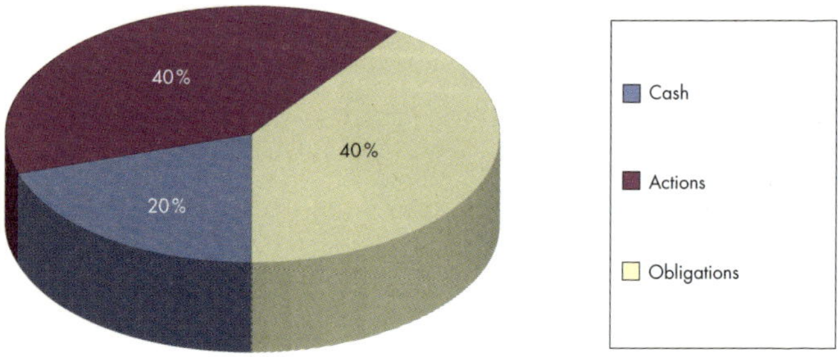

Votre autoportrait doit déboucher sur un camembert.

Et ce camembert, vous devez le remettre à jour régulièrement, car il va évoluer en fonction de votre situation personnelle et professionnelle, de vos objectifs d'investissement et de l'évolution des marchés financiers.

Quel est l'intérêt d'avoir toujours votre camembert ?

C'est simple. Cela vous permet de voir à tout moment si vos économies sont réparties de façon cohérente avec vos souhaits et principalement si vos investissements correspondent à votre profil de risque. On peut souvent se laisser entraîner à investir dans des produits qui ne correspondent ni à nos besoins ni à notre profil. En faisant votre camembert, vous vous en apercevrez instantanément et vous pourrez réagir. Le camembert, c'est le « surmoi » financier. Et il faut aligner votre moi sur votre surmoi.

SEPTIÈME COMMANDEMENT

Brûlez les catalogues de produits financiers...

Un guide d'investissement ressemble à un vieux bottin des années 1960, aux pages déjà jaunies même quand le guide est neuf, avec des fiches descriptives de produits incompréhensibles dont la lecture vous pousse directement dans les bras d'un psy pour soigner votre déprime ou dans celle d'un conseiller bancaire (et si c'était vraiment ça le but ?).

Vous cherchez un placement ? Pas de problème... Approchez, approchez ! Il y a le PERP, le PERCO, le PEA, le multi-supports, un fonds ARIA, à moins que vous ne vouliez un OPCVM allégé ou une action de préférence d'une société avec un bon PER. Vous reprendrez bien un call, un put, un warrant, un turbo, un tracker, un FCPI, un FCPR, un FIP ISF ou pas ! Avec un zeste de LBO, de PIPE, de fonds de capital-risque ou de capital-développement...

Je continue ?

Vous avez compris l'objectif : vous donner l'impression d'être un ou une abrutie jusqu'à ce que vous disiez : « La finance, c'est vraiment pas mon truc… », et que vous vous jetiez dans les bras de « spécialistes » dont la plupart quitteraient la ville couverts de plumes et de goudron si nous étions encore au Far West.

« N'aie pas peur, petit chaperon rouge, viens dans les bras de ta grand-mère pour que je puisse croquer ton argent. »

Et au pire vous serez ruiné, mais on vous promettra la même chose qu'aux pauvres paysans français au Moyen Âge : une belle vie dans un monde futur.

Alors à la poubelle, tous les guides de placements qui sont des catalogues de produits.

… ET FAITES DES COCOTTES EN PAPIER AVEC LES NUMÉROS SPÉCIAUX DE DÉBUT D'ANNÉE

En janvier, en plein hiver, il n'y a qu'une seule fleur qui pousse : les numéros spéciaux « Où placer votre argent en 2011 ? »

Des pages entières de conseils de spécialistes des placements qui sont tout souriants sur de jolies photos (je sais de quoi je parle, j'y suis régulièrement) et qui vous livrent leurs prévisions pour l'année. Ils ont à peu près autant de chances d'avoir raison qu'Élisabeth Tessier à la grande époque de l'astrologie en prime time sur France 2, mais ils affichent une assurance qui désarçonne.

Chaque interview doit contenir une phrase choc : « Le CAC va monter de 20 % en 2011 », « L'or est le seul placement pour les cinquante années à venir », « Achetez des actions chinoises car la Chine dominera le monde dans cinq ans », « Sortez tout votre argent des livrets A, car les marchés vont monter », « Mettez des matières premières dans votre portefeuille »...

Vous aurez droit à des centaines de recommandations en général consensuelles. Consensuelles car il vaut mieux pour un « spécialiste » ne pas prendre de risque.

Je vais vous expliquer comment les « spécialistes » construisent leurs prévisions pour ce type de publications.

Prenons l'exemple du CAC 40.

Imaginons que l'année précédente le CAC 40 a progressé.

Au mois de janvier, 90 % des spécialistes prévoiront une hausse pour l'année suivante. C'est normal pour eux puisqu'il a monté l'année précédente.

Mais ce n'est pas suffisant.

Il faut donner un objectif. C'est ce que demande généralement le journaliste à la recherche de « sensationnel »...

Alors là, c'est encore plus simple. Vous prenez la hausse de l'année et vous la multipliez par 75 %, et vous obtenez la prévision moyenne des grands professionnels de la prévision.

On fait un test ? Je vous transforme en « chef économiste, grand prévisionniste d'une des principales banques françaises ».

Exercice :

Le CAC a progressé de 10 % en 2011.

Le 4 janvier 2012, vous êtes interviewé par un grand journal et on vous demande votre anticipation de performance pour le CAC pour l'année 2012, que devez-vous répondre ?

Réponse :

D'abord vous devez prendre un air ennuyé, surpris et dire : « Vous me posez une question difficile, je ne suis pas devin et je n'ai pas de boule de cristal. »

Le journaliste va vous rétorquer avec un petit sourire complice : « Nos lecteurs vous connaissent et vous apprécient (l'économiste travaille pour une banque qui fait de la publicité régulièrement dans le journal...), ils veulent un chiffre. »

Air faussement gêné de l'économiste vedette (enfin, vedette chez lui et encore... car ses enfants le prennent pour un loser). Petit silence. La star plisse les yeux, se laisse habiter par le Dieu de la Bourse et soudain déclare : « 7,5 % ! »

Réponse du journaliste : « Courageux et précis. Merci. On ne manquera pas de venir vous voir l'année prochaine et gare à vous si vous avez tort. »

Le journaliste viendra en effet le voir l'année suivante. Ne fera jamais référence au fait qu'il s'est trompé en janvier puisqu'au lieu de monter de 7,5 %, le CAC a chuté de 22 %. Et recommencera à lui dire que les lecteurs apprécient ce grand spécialiste des marchés.

Il ne lui fera aucun reproche, pas seulement à cause du budget pub, mais également parce que tous les prévisionnistes auront donné la même prévision et, que pour des professionnels qui tiennent plus à leur job qu'à l'avenir de votre argent, mieux vaut se tromper tous ensemble que dire réellement ce qu'on pense et être le seul à avoir tort ou raison.

Les moins connus, ou les plus courageux, et il y en a, donneront le fond de leur pensée et seront hors consensus. Pourquoi les moins connus ? Parce que c'est un moyen de se faire connaître : si tout le monde dit que le CAC va monter de 7,5 % et que vous êtes le seul à dire qu'il va baisser de 25 %, il y a deux solutions. Le CAC monte, vous vous êtes trompé, vous étiez inconnu, vous le resterez. Le CAC chute, vous devenez le « seul qui a vu le krach ». Je sais de quoi je parle. J'ai fait cela à l'été 1987 et, à 27 ans, j'ai eu droit à des articles dans tous les journaux.

Maintenant, j'essaie de faire partie du clan des courageux. C'est-à-dire ceux qui ne suivent pas volontairement le consensus, se trompent autant que les autres, mais au moins le font sur la base de leurs convictions.

HUITIÈME COMMANDEMENT

Prenez votre destin financier en main

Il est plus simple de déléguer, d'acheter des produits tout faits, de faire confiance à son banquier, d'écouter un conseiller, de suivre aveuglément un gourou, de signer un contrat pour un investissement en se disant qu'on ne comprend rien à la finance et qu'on verra bien ce qui arrivera, mais, je suis désolé de vous le dire, **cela ne marche pas comme cela**.

Les Français se sont mis au bricolage parce qu'ils avaient du temps libre mais surtout, parce qu'ils en avaient marre de se faire avoir par des réparateurs qui n'étaient jamais disponibles en cas de besoin, qui surfacturaient leur intervention et vendaient les pièces de rechange à des prix obscènes. Eh bien, il va falloir faire pareil pour vos économies. Vous allez devoir mettre les mains dans le cambouis. Apprendre, comprendre, décortiquer, comparer, discuter, négocier.

Cela demande du travail. Mais c'est un travail qui est nécessaire et qui va vite être très profitable. Si vous savez ce dont vous avez besoin, ce que vous recherchez, une banque deviendra très vite dans ce cas un partenaire, votre banquier vous mettra dans la catégorie « initiés » et ne vous promènera plus sans mettre le compteur avec une course au forfait exorbitant comme les taxis dans les destinations exotiques.

Gérer ses économies demande du travail. Il ne faudra pas en faire une demi-heure par jour, comme il l'est recommandé pour le sport si on veut garder la forme. Non. Quelques minutes, régulièrement, suffiront. Avec un programme précis : étude des performances de vos économies (combien vous ont-elles rapporté réellement ?), mise à jour du camembert, lecture de quelques analyses compréhensibles sur le contexte économique et financier, étude d'idées éventuelles d'investissement glanées ici et là. Au début, vous allez râler mais très vite vous allez vous prendre au jeu et je parie que vous y passerez plus de temps que prévu… De toutes les façons, vous n'avez pas le choix. Il faut le faire. Pour comprendre et pour vous faire respecter.

TROISIÈME PARTIE

Mon régime…

Pour faire grossir votre argent tout en le protégeant

Dans le domaine de la gestion, comme dans le domaine de l'alimentation, il n'y a pas de régime miracle.

Il n'y a pas non plus de régime universel ; chacun doit adapter la gestion de ses économies à son profil et à ses objectifs.

Il existe cependant des principes et des règles incontournables et valables pour tous.

Je vais donc vous proposer un régime, mon régime.

Un régime simplifié. Voire simplificateur. Volontairement.

Un régime qui ne plaira pas aux « spécialistes ».

Mais un régime efficace. Pour faire fructifier vos économies tout en leur évitant le danger de la destruction totale ou partielle

Un régime que j'ai pu tester pendant près de trente ans de carrière dans la finance et que j'ai adapté aux conditions actuelles.

Ce régime comporte quatre phases :

— la phase d'attaque ;
— la phase de prise de position ;
— la phase de consolidation ;
— la phase de stabilisation.

1/
La phase d'attaque

DURÉE • 4 semaines environ.

OBJECTIF • Établir les fondations d'une gestion saine de vos économies.

Avertissement : Pendant cette période, vous devrez « figer » vos placements actuels : inutile d'agir dans la précipitation et de prendre des décisions déterminantes tant que vous n'avez pas mené à bien les différentes étapes de la phase d'attaque.

La phase d'attaque s'articule autour de trois chantiers à mener en parallèle :
1/ Apprendre à vous connaître (autoportrait, profil de risque, objectifs de gestion) pour déterminer votre indice de risque optimal (IRO).

2/ Lister vos placements actuels.
3/ Réduire vos dépenses.

1. Apprendre à vous connaître pour déterminer votre indice de risque optimal (IRO)

Définition de l'IRO : l'indice de risque optimal est un indicateur que j'ai créé pour vous permettre de déterminer la part de risque que vous devez ou pouvez avoir dans vos placements. Un chiffre qu'on obtient grâce à une connaissance parfaite de soi-même, en établissant un autoportrait, un profil de risque et des objectifs de gestion.

L'IRO est un %. C'est la proportion de l'ensemble de votre patrimoine financier qui sera investi dans des placements dits à risque. Ce % varie entre 0 et 100 % en théorie. Un indice de risque optimal à 0 correspond à une personne qui ne peut prendre aucun risque sur ses placements. À l'inverse un IRO de 100 % vaut une prise de risque maximale. En pratique, je ne conseillerai jamais ou très rarement seulement, dans des cas exceptionnels, qu'il dépasse les 50 %, car placer 50 % de ses économies dans des produits risqués est déjà très agressif.

Pour apprendre à vous connaître et pour calculer votre IRO, il y a deux approches possibles.

L'approche patrimoniale « classique » avec un questionnaire détaillé, souvent de bonne qualité, auquel vous devez répondre. Petit problème : il faut envoyer ce questionnaire à votre banquier ou à un Conseiller en gestion de patrimoine pour qu'il dresse votre bilan patrimonial. Compliqué pour vous de faire tout cela seul, sans aide extérieure.

Il faut donc opter pour une autre solution. Voici ce que je vous propose :

Je vous aide ici à mieux vous connaître et à calculer vous-même votre IRO avec un questionnaire simple. Ce sera nécessairement approximatif mais déjà très utile.

Si **vous souhaitez aller plus loin**, vous pouvez venir sur le site www.monsieurfinance.com et je vous donnerai, à titre amical, sur la base d'un questionnaire plus détaillé à remplir, une « consultation » pour déterminer votre profil et votre IRO.

• Étape n° 1 : L'autoportrait

Homme ou femme ?

La différence tient au rapport au risque.

Sans tomber dans la généralisation caricaturale, un homme a tendance à prendre plus de risques en matière de gestion financière qu'une femme. Conclusion : si vous êtes un homme, soyez plus prudent. Si vous êtes une femme, prenez un peu plus de risques.

Âge ?

En dessous de 25 ans : Vous n'avez rien à faire là. Circulez et allez profiter de la vie.

De 25 à 45 ans : Vous êtes en phase de pleine activité, du moins je l'espère pour vous. Vous pouvez, vous devez même, prendre des risques avec votre argent, des risques contrôlés bien sûr. On n'est pas au casino et on ne fait pas tapis chaque année mais vous pourrez avoir, comme on le détaillera plus tard, 50 % de produits dits à risque et 50 % de produits conservateurs.

De 45 à 60/62/65 ans (en fonction de la modification de l'âge de la retraite…) : Plus vous vieillissez, plus vous devez diminuer votre part de risque. Si, à 45 ans, vous êtes à 50 % risque, 50 % sécurité, vous descendrez progressivement pour arriver à la fin de cette tranche d'âge à 20 % risque, 80 % sécurité. Il faut garder 20 % de placements à risque car vous aurez besoin du revenu du capital pour compléter votre retraite et avec du « tout sécurité », vous allez juste toucher de quoi payer des cigarettes, ou plutôt des bonbons car vous devez arrêter de fumer. On ne peut plus raisonner quand on a 60 ans aujourd'hui comme il y a vingt ans compte tenu de l'allongement de la durée de la vie. À 60/62/65 ans on doit, on n'a pas le choix, continuer à prendre un petit risque.

De 65 ans à la veille de votre mort : Là on diminue progressivement la part risque à 0. Pas question de faire un arrêt cardiaque pour une action qui baisse alors que vous perdez déjà chaque année une partie de votre ouïe et de votre vue…

Le jour fatal : Ce n'est plus votre problème.

Situation familiale ?

En gros, il s'agit de savoir réellement **qui vous avez à charge et pour combien de temps**. Que ce soit un ascendant, un conjoint ou des descendants. J'insiste sur le « réellement » :

Prenons l'exemple de la génération 45/60 ans. C'est aujourd'hui la génération sandwich. Elle est coincée entre des descendants « Tanguy » qui travaillent et sont autonomes financièrement de plus en plus tard et des ascendants Michel Serrault (dans le film *Le Viager*) qui vivent de plus en plus longtemps et ont des besoins d'ados même à 85 ans. Si, dans les questionnaires classiques, on ne considère pas Tanguy et Serrault comme « à charge », la réalité c'est qu'ils le sont de fait, même partiellement.

Autre exemple. Vous avez une femme ou un mari qui ne travaille pas. Ce n'est pas à proprement parler une personne à charge et pourtant… c'est un boulet en matière de gestion d'économie… Tous ces facteurs doivent être intégrés. Pas au sens « classique » de la personne à charge mais c'est tout de même votre réalité quotidienne. Vous pouvez faire des tiers, des quarts ou des demi-« parts » pour vous simplifier la tâche… Car la conséquence est importante : plus vous avez de personnes à charge (plus vous êtes mal…), plus vous devez avoir une gestion de vos économies pointue car le rendement de vos placements est essentiel. Vous comprenez pourquoi les Japonais ne font pas d'enfants et envoient leurs parents mourir sur les montagnes…

Situation financière ?

Là encore, on peut faire simple.

Il n'y a que quatre chiffres qui m'intéressent. Quatre chiffres qui sont les réponses aux quatre questions suivantes.

Combien gagnez-vous par rapport à ce que vous dépensez ?

— Si vous ne le savez pas, au boulot tout de suite ! Vous avez quatre semaines mais c'est aussi important que de connaître son poids de départ et son IMC (indice de masse corporelle) dans un régime alimentaire.

— Si vous le savez et que ce n'est pas bon (dépenses supérieures à vos revenus nets de remboursements de crédits), il va falloir couper les dépenses et vous ne pourrez pas épargner tant que vous ne l'aurez pas fait.

— Si vous le savez et que c'est bon, il va falloir que ce soit encore meilleur et donc que vous coupiez aussi vos dépenses, qu'on sécurise tout cela et qu'on fasse travailler le solde.

Pendant combien d'années pensez-vous que vous pourrez gagner 80 % de ce que vous gagnez actuellement ?

C'est simple. Plus votre visibilité est grande, plus on peut prendre des risques, et vice versa.

Combien avez-vous d'argent de côté ?

Il faut le chiffre hors immobilier et hors crédit immobilier.

Si vous avez peu d'argent et que vous êtes âgé, on oublie totalement le risque (IRO = 0).

Si vous avez 1 million d'euros, que vous êtes relativement jeune mais que vous avez 4 personnes 2/3 à charge (trois enfants en bas âge, un mari oisif et deux parents qui n'ont pas assez de leur retraite pour vivre), il va falloir limiter votre risque très sérieusement (IRO inférieur à 10 %).

Si vous avez quelques dizaines de milliers d'euros, des revenus nets supérieurs à vos dépenses, aucune personne réellement à charge (même pas de cadeaux pour les anniversaires des petits et arrière-petits-enfants), même à 80 ans on pourra prendre un petit risque (IRO de 10 % à 20 %).

Si vous avez une quarantaine d'années, de bons revenus mais la nécessité de prévoir dès maintenant un fort complément de retraite, vous pouvez prendre des risques importants (IRO = 50 %).

Quelle est la valeur de votre patrimoine immobilier net de crédits ? (si vous en avez un bien sûr) ?

Si, par exemple, le chiffre est confortable ou élevé (tout est relatif, mais confortable ou élevé à vos yeux), on pourra prendre plus de risque.

Dans le cas contraire, prudence : bretelles et ceinture, et donc un IRO 0 ou proche de 0.

L'autoportrait doit vous permettre d'obtenir intuitivement une bonne approximation de votre IRO. Mais cela n'est pas suffisant.

• Étape n° 2 : Le profil de risque

Pour apprendre à vous connaître, après l'autoportrait, livrez-vous à la détermination de **votre profil de risque**[1]. Cela va vous permettre de déterminer si vous êtes trop ou pas assez craintif et donc d'affiner le calcul de votre IRO.

Ex : Imaginons qu'à la suite de votre autoportrait, vous êtes parvenu à un IRO de 50 % mais que vous avez

1. Voir troisième commandement, p. 47.

déterminé par le profil de risque que vous êtes très peureux. On va diminuer le niveau de risque. On va faire baisser votre IRO à 40 % pour que vous viviez plus tranquille. Si, au contraire, on arrive à un niveau initial de risque de 20 % et que vous êtes un casse-cou, on va quand même augmenter légèrement votre IRO pour que vous soyez en « harmonie » avec vous-même et on va le booster, légèrement (légèrement seulement !), à 25 %.

• Étape n° 3 : Vos objectifs de gestion

Vous allez ensuite définir **vos objectifs de votre gestion**, ce qui va permettre, en fonction de votre niveau de risque, de définir plus précisément le type de placements que vous allez pouvoir utiliser :

— constituer une retraite complémentaire ;

— transmettre un capital ;

— obtenir des revenus complémentaires ;

— optimiser la rentabilité de vos placements ;

— constituer un capital en vue d'une acquisition immobilière ;

— constituer une épargne de précaution.

CONCLUSION • À l'issue de ces trois phases, vous vous connaissez mieux, je l'espère, vous avez déterminé votre IRO et défini vos objectifs : vous êtes prêt à investir.

Comment calculer votre indice de risque optimal (IRO)

1. Faites : 80 – (votre âge) (pour une personne seule) ou 80 – (moyenne de vos âges) pour un couple.
2. Ajoutez au résultat obtenu 5 % si vous êtes une femme, retranchez 5 % si vous êtes un homme, 0 % pour un couple.
3. Ajoutez de 0 à 10 % en fonction de votre appétit au risque.
4. Ajoutez (ou retranchez) de 0 à 10 % en fonction de la solidité (ou de la fragilité) de votre situation financière (revenus et patrimoine)
5. Objectifs de gestion (vous devez sélectionner pour le calcul un seul objectif, votre objectif principal) :
— si vous souhaitez générer des revenus complémentaires, ajoutez : 10 % ;
— si vous souhaitez optimiser la rentabilité de vos placements, ajoutez 5 % ;
— si vous souhaitez constituer une épargne de précaution : n'ajoutez rien ;
— si vous souhaitez uniquement préserver et/ou transmettre votre capital : enlevez 10 %.

Si le calcul donne un résultat négatif, votre IRO sera de 0 %. Et il ne peut être supérieur à 100 %. Je rappelle qu'il n'est pas conseillé d'aller au-dessus de 50 %.

Pour un calcul plus précis de votre IRO, rendez-vous sur www.monsieur-finance.com ! (Il est impossible, par exemple, de « modéliser » la notion de personnes à charge qui, dans certains cas, doit vous pousser à prendre plus de risques ou dans d'autres cas, au contraire, vous obliger à ne pas en prendre.)

2. Lister vos placements actuels...

Là encore, si vous êtes bon élève, vous n'avez qu'à sortir d'un meuble fermé un dossier propre et parfaitement classé sur lequel est collée une étiquette « Placements » ou « Économies », et vous avez tous vos relevés récents avec en plus les « camemberts » que vous envoient maintenant régulièrement vos banques, même les plus ringardes. L'exercice va vous demander moins de dix minutes.

Si vous êtes un cancre, et mon sentiment c'est que de nombreux lecteurs sont dans ce cas (aucune honte à avoir, on est là pour cela et les cancres sont quand même souvent les élèves les plus drôles dans une classe), les quatre semaines vont à peine vous suffire.

Il faut tout lister. Tout. Sans rien oublier. Vous devez mettre sur papier tous vos placements et toutes vos économies (même celles qui sont cachées sous votre matelas ou enterrées dans votre jardin). Pour arriver à des camemberts de ce type.

Exemple n° 1

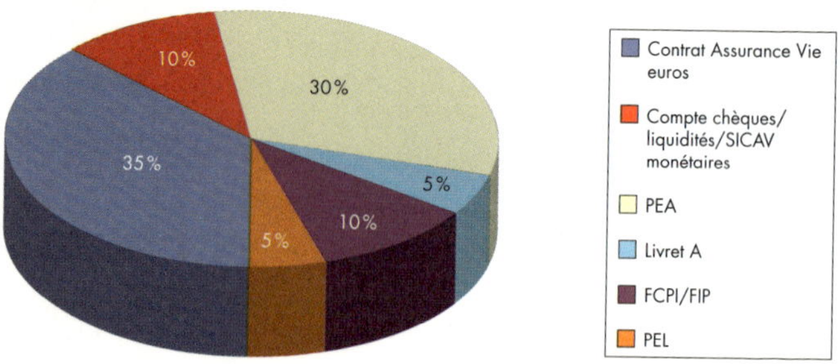

Exemple n° 2

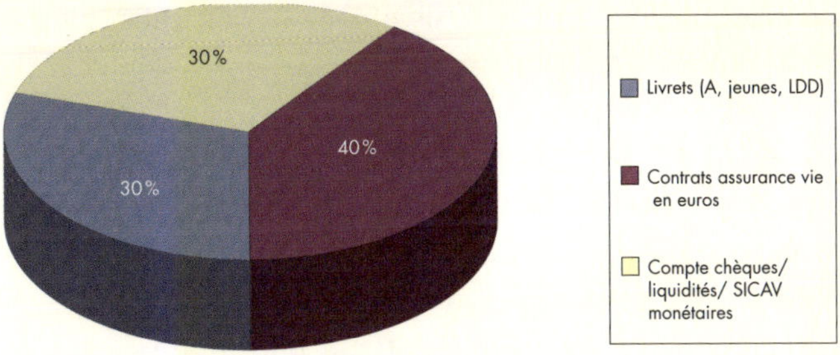

Exemple n° 3

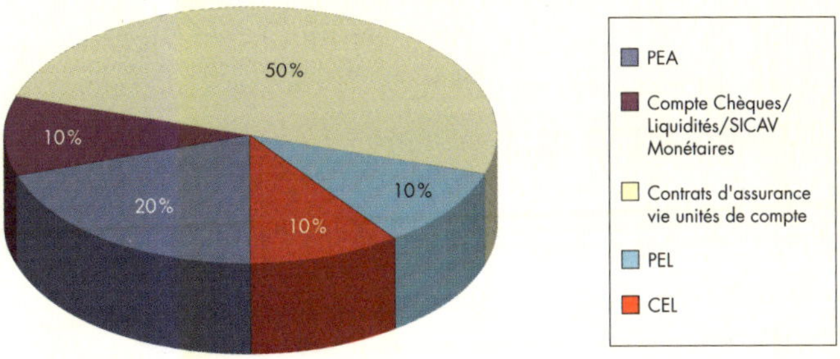

…Et lister vos frais

Il va également falloir déterminer clairement, pour chaque produit que vous avez en portefeuille, la structure des frais. Combien vous coûtent-ils en frais d'entrée, frais de gestion, frais d'arbitrage, frais de rachat ou de retrait, commissions diverses et variées…

3. Réduire vos dépenses

La phase d'attaque, c'est la phase la plus brutale de tous les régimes. Et mon régime n'échappe pas à la règle.

Je ne vous demande pas de ne manger que de l'ananas ou de la soupe pendant quatre semaines (quoique ce serait très bénéfique pour vos finances...), mais je vous demande de faire la liste de toutes vos dépenses et ensuite... de tailler dans le vif ! À la hache. Sans pitié.

Je suis désolé mais on ne verra pas de forte croissance, de plein-emploi, d'euphorie avant plusieurs années. Vous DEVEZ vous serrer la ceinture, plus si vous avez des objectifs ambitieux pour votre argent et peu de moyens, moins si vous avez de l'argent et moins d'ambition pour vos économies, mais, je le dis et je le répète, le meilleur placement, de loin, c'est l'argent que vous économisez.

Pendant ces quatre semaines, vous devez vous livrer à un inventaire minutieux de vos dépenses et à des coupes impitoyables. N'attendez pas d'être dos au mur. Faites-le maintenant.

Conclusion de la phase d'attaque

On fait un point d'étape ?

Si vous avez déjà suivi le régime sérieusement, vous connaissez bien votre IRO, **indice de risque optimal**, et vous êtes à la diète en matière de dépenses.

Vous risquez de vous sentir un peu faible, un peu tendu. C'est normal. La réduction des dépenses est un exercice très éprouvant. Pour ceux qui détestent tout ce qui touche à l'argent, le travail d'introspection mais également de collecte d'information est insupportable. Quant à ceux qui sont démangés par le virus de la spéculation, ne rien faire, figer ses placements comme je vous l'ai demandé pendant cette première phase, rend extrêmement nerveux.

Pendant cette période, je vous conseille donc de vous détendre en faisant du sport. Au minimum une demi-heure de marche par jour. Cela ne vous coûtera rien (on revient toujours aux économies !) et cela vous permettra de passer cette phase un peu délicate.

2/

La phase de prise de position

DURÉE • 4 semaines.

OBJECTIF • Établir l'« alimentation financière » qui vous correspond le mieux.

Avertissement : C'est une phase délicate, laborieuse parfois un peu pénible mais passionnante.

Elle va consister principalement à :

1. Sélectionner les banques ou les intermédiaires financiers qui vous correspondent.

2. Éliminer les banques ou les intermédiaires financiers qui ne vous correspondent pas.

3. Sélectionner et investir dans tous les produits qui vous correspondent.

4. Céder et liquider tous les produits financiers qui ne vous correspondent pas.

Rien que cela…

1. Le choix du partenaire financier

Commençons par le choix du partenaire financier. Choix déterminant, crucial, fondamental… (Je continue ou vous avez compris ?)

• Il faut deux banques

Avec tout d'abord une règle d'or. Que ce soit pour 1 000 euros ou 1 million d'euros, **il vous faut deux banques**. Pas moins. Pas plus.

Pas moins car vous devez pouvoir jouer la concurrence entre vos deux banques et pouvoir, le cas échéant, en laisser tomber une pour en choisir une nouvelle sans vous retrouver sans banque pendant la période de transition. De même, et c'est souvent le cas, une banque change de stratégie régulièrement et, choyé un jour, vous pourriez devenir un client indésirable le lendemain car vous ne correspondez plus au « cœur de cible ». Du coup, si la banque vous laisse tomber, mieux vaut avoir un filet de sécurité.

Pas plus car vous devez quand même représenter un certain « poids » pour la banque afin d'obtenir de bonnes conditions. Si vous vous éparpillez, vous serez un petit ou minuscule client partout et, en plus, vous aurez du mal, surtout pour les moins organisés d'entre vous, à vous y retrouver pour surveiller la gestion de vos économies.

Le choix de la première banque sera généralement assez évident, voire quasi obligatoire si vous avez un crédit immobilier : ce sera la banque qui vous a octroyé le crédit. C'est là que vous domiciliez tout ou partie de vos revenus. C'est votre point d'ancrage. Aucun problème.

Si vous n'avez pas de « crédit », il y a fort à parier que je vous conseillerai de rester là où vous êtes, dans votre banque « historique » si vous n'avez pas eu de problème majeur avec eux. Car vous verrez que toutes les banques traditionnelles se valent. Ce qui fera la différence, c'est le rapport de force que vous allez apprendre à établir avec elle.

La deuxième banque, vous devez la sélectionner toujours en fonction des mêmes critères objectifs simples : solidité, efficacité, qualité des produits, qualité du suivi et coûts.

Ma banque peut-elle faire faillite ?

Marquons une pause sur un sujet extrêmement sensible, un problème essentiel, en particulier depuis la faillite de la banque américaine Lehman le 15 septembre 2008 : la solidité d'une banque.

Avec une vérité brutale que je ne peux pas vous cacher : en cas de scénario catastrophe, de crise mondiale encore plus sérieuse que celle de 2008, aucune banque ne sera à l'abri car aucun État ne sera à l'abri. Et dans ce cas votre argent sera perdu.

Je vous ai promis de vous aider à protéger vos économies mais je vous ai également averti qu'on ne pourra pas faire de miracle.

Voilà. C'est dit.

Oubliez les 100 000 euros par compte en banque qu'on vous présente comme étant garantis : ils sont « assurés » par un fonds de garantie alimenté… par les banques qui, si elles sont en difficulté, ne l'alimenteront plus. Si en 2008, les États n'étaient pas intervenus, ces fonds n'avaient pas l'argent nécessaire pour sauver vos économies.

Est-ce que vous pouvez éviter la catastrophe ?

Partiellement oui : en sélectionnant les banques les moins fragiles.

Totalement non : sauf à mettre votre argent sous votre matelas ou à acheter des lingots d'or que vous allez cacher, mais attention à ne pas vous faire agresser et dépouiller.

La faillite des banques et des États c'est un peu comme le cancer. On sait qu'il existe, on peut tenter de limiter les risques d'être touché, mais on ne peut pas l'éliminer. Et, malgré cela, on doit continuer à vivre normalement. Maintenant que je vous ai assené ce que personne ou presque n'ose vous dire, il va donc falloir, vous aussi, continuer à vivre normalement.

Cependant, cependant… il ne faut pas tomber dans l'excès inverse en devenant totalement insouciant. En cas de simple séisme financier, mais pas d'apocalypse, certaines banques survivront et d'autres non.
Il est donc impératif de choisir une énorme banque ou la filiale à 100 % d'une énorme banque, *too big to fail*, trop grosse pour faire faillite, c'est-à-dire un établissement que l'État ne pourra pas laisser tomber par crainte d'un soulèvement populaire. Évitez toutes les banques fantaisistes, surtout petites, étrangères et indépendantes, qui peuvent vous attirer avec un produit sexy. Dites-vous bien que plus on vous propose un « cadeau » attractif en termes de rendement par exemple, plus cela cache quelque chose. On y reviendra.

Vous voulez que je sois plus précis ?

Voici les principales banques de détail classiques en France : BNP Paribas, Crédit agricole, LCL, Société générale, Crédit du Nord, La Banque postale, BPCE (Banques populaires, caisses d'épargne, Bred), Crédit mutuel, CIC, HSBC, Barclays.

Allez-y. Piochez dedans. Servez-vous.

La question n'est pas de savoir s'il faut quitter le Crédit lyonnais pour aller au Crédit agricole, ou quitter le Crédit agricole pour aller chez HSBC. Elles sont toutes aussi mauvaises, désolé, je voulais dire bonnes. Mon clavier a fourché…

Bien sûr, comme le montrent les classements régulièrement publiés dans la presse généraliste ou spécialisée, certaines sont plus « chères » que d'autres en matière de frais bancaires comme les frais de tenue de compte, le coût des virements, les abonnements Internet, les chèques de banque ou encore les cartes de crédit, mais vous devez négocier tous ces frais. Car la question, c'est d'obtenir ce que vous voulez dans une de ces banques.

Il va falloir renverser la relation. Ce n'est pas vous qui avez besoin de la banque pour vos économies, c'est la banque qui a besoin de vous pour ses profits.

D'autant plus que, depuis que les banques peuvent moins faire joujou avec des milliards sur les marchés financiers, ce n'est que grâce à vous, les illustres inconnus de la majorité silencieuse pendant les années d'euphorie financière, qu'elles pourront gagner de l'argent en vous matraquant de frais et de commissions.

Dans tous les cas de figure, modifiez votre relation avec les banques.

Ce n'est plus elles qui placent les produits chez vous en fonction de ses intérêts, c'est vous qui allez faire votre shopping.

Les banques ne sont rien d'autre que des grandes surfaces financières. Dans un Carrefour ou un Casino, est-ce la caissière ou un chef de rayon qui remplit votre caddie ? Non. C'est vous qui allez dans le rayon chercher un produit, qui devez regarder son prix et le comparer et vous qui le mettez dans votre panier d'achat.

Faites pareil avec votre banque.

Sachez que les banques cherchent à décourager la mobilité des clients comme l'a déploré récemment UFC – Que Choisir qui remarque d'ailleurs que 86 % des banques n'informent pas leurs clients de l'existence d'un service d'« aide à la mobilité ». Ne vous laissez pas faire et soyez mobiles.

• Banque classique ou banque *on line* ?

Dans dix ans, pour les opérations courantes, il n'y aura plus d'agences bancaires et toutes les opérations se feront par Internet. Ce devrait déjà être le cas mais les banques ne veulent pas de problèmes sociaux et elles attendent patiemment que le personnel de leurs réseaux parte à la retraite sans les remplacer. Habituez-vous donc au *on line*. C'est simple. Et cela vous évite d'être confronté pendant des heures à des répondeurs à choix multiples, qui, personnellement, me rendent dingue (pour avoir une information sur votre solde, tapez 1, pour savoir si vous êtes ruiné tapez 2, pour vous suicider tapez 3...).

Toutes les banques classiques vont basculer sur le *on line*. À court terme, elles le font de deux façons : soit sous leur marque et le *on line* devient juste un canal d'information et d'intervention, soit sous une nouvelle marque pour ne pas se cannibaliser. En effet, les frais dans les banques en ligne sont largement inférieurs à ceux des banques classiques. De ce fait, elles préfèrent développer une marque séparée et continuer à charger sous leur propre marque des commissions plus élevées.

J'aurai tendance à privilégier les services en ligne des banques classiques car beaucoup ont lancé des banques en ligne séparées et ont ensuite abandonné le projet. Il faudra néanmoins négocier avec votre banque des tarifs proches ou équivalents à ceux de la banque en ligne. C'est la clé !

Les banques en ligne vous offrent une extraordinaire opportunité : des tarifs cassés. Vous pouvez donc aller dans votre agence et dire : soit vous diminuez tel ou tel frais sur telle ou telle opération à ce niveau (le niveau de la banque en ligne), soit je vais chez eux. Et vous verrez que ça marche. Attention : une banque « en dur » coûtera toujours plus cher qu'une banque en ligne mais il suffit de s'adapter. Sur un contrat d'assurance-vie par exemple, sur Internet, c'est zéro frais d'entrée et zéro frais de versement, donc pas question de payer plus de 1 % /1,5% dans votre banque *off line* ou chez votre intermédiaire.

Si la banque refuse de rester en dessous d'un plafond, partez pour un établissement classique qui acceptera vos conditions ou pour une banque en ligne filiale d'un grand groupe.

Quelles sont les principales banques en ligne ? Voici quelques exemples :

Boursorama. Filiale à 55 % de la Société générale. Ancien courtier en ligne devenu banque en ligne en 2005. Clientèle visée : grand public.

Cortal Consors France, filiale à 100 % de la BNP.

Monabanq, filiale des Trois Suisses à 66 % et de BNP Personal Finance à 34 %. Clientèle visée : grand public.

Fortuneo. Filiale du Crédit mutuel Arkéa. Ancien courtier en ligne devenu banque en ligne en 2009. Clientèle visée : grand public.

ING Direct, filiale du groupe hollandais ING, leader de la banque à distance en France. Installée en France depuis 2000. Clientèle visée : grand public.

BforBank. Filiale des caisses régionales du Crédit agricole et du Crédit agricole. Lancée en octobre 2009. Clientèle visée : haut de gamme avec une image de banque privée en ligne.

AXA Banque, filiale d'Axa.

Je n'en cite que quelques-unes mais il s'en crée chaque mois de nouvelles. Choisissez celle que vous voulez avec une priorité : **regardez toujours qui est l'actionnaire de référence.** C'est lui qui sera le garant de votre argent en cas de problème et, des problèmes, il pourra y en avoir.

À RETENIR • Il vous faut deux banques. Le mix idéal c'est votre banque classique et une banque en ligne. Dans tous les cas de figure, vous devez inverser la relation. Vous êtes le client et LE CLIENT EST ROI : vous devez donc imposer vos conditions. L'Internet vous aidera à faire jouer la concurrence.

• Vous faut-il un autre partenaire financier ?

Vous avez donc besoin de deux banques. Mais avez-vous besoin d'autres partenaires financiers ?

Une compagnie d'assurance ?

Oui. Car vous allez devoir sûrement ouvrir un contrat d'assurance-vie mais la plupart des contrats d'assurance-vie sont proposés par des banques, des sites spécialisés ou par des conseillers en gestion de patrimoine. Ce qui veut dire qu'en fait, c'est en choisissant votre banque ou votre conseiller que vous choisirez automatiquement votre compagnie d'assurance. Mais vous pouvez aussi contacter directement votre assurance habituelle et voir ce qu'elle propose. Les mutuelles comme la MACSF ou la MAAF proposent de bons contrats d'assurance-vie. Je vous donnerai dans la phase suivante des conseils pratiques pour trouver un contrat qui vous correspond dans les meilleures conditions.

Un courtier pour les actions ?

Si vous intervenez régulièrement sur les marchés d'actions, vous utiliserez un intermédiaire spécialisé. Si vous êtes peu actif, passez par une de vos banques en négociant vos frais. Si vous êtes très actif et que vous n'avez besoin d'aucun conseil, passez par un courtier en ligne mais choisissez là aussi un courtier qui est garanti par une grande banque comme Cortal Consors filiale de la BNP, Boursorama filiale de la Société générale, ou Fortuneo filiale du Crédit mutuel Arkéa. Si vous êtes très actif et que vous avez besoin de conseil, il y a quelques sociétés qui peuvent vous apporter un bon service mais il faut juste vérifier que votre argent est déposé dans une grande banque et pas chez le courtier lui-même (banque dépositaire).

Un conseiller en gestion de patrimoine ?

Les CGPI, conseillers en gestion patrimoine indépendants, sont plus de 4 000 en France. Ce métier dans lequel on trouvait avant le meilleur et le pire est maintenant très réglementé. Beaucoup ont adopté le nouveau statut de CIF, conseiller en investissement financier, et les CIF sont aujourd'hui sous le contrôle indirect de l'AMF, l'Autorité des marchés financiers, le gendarme de la finance. Ils sont supposés vous apporter un conseil personnalisé que les banques ne vous apportent plus. Une grande majorité d'entre eux proposent aussi des produits immobiliers de défiscalisation. Les autres offrent une gamme très complète de services comme un audit patrimonial ou un conseil en allocation d'actifs. Il y a deux petits problèmes : avec 1 000 euros, vous ne les intéressez pas, avec 50 000 euros certains commenceront à vous écouter. Deuxième problème : beaucoup d'entre eux n'ont d'indépendants que le nom et vendent les produits pour lesquels ils reçoivent les plus fortes commissions. C'est humain, mais ce n'est pas forcément idéal pour vous. Si vous avez besoin d'être aidé, notamment au plan fiscal, par un conseiller, n'hésitez pas à les utiliser mais il va falloir que vous soyez très vigilant et très sélectif. Il y a beaucoup d'excellents CGPI, des professionnels de qualité et expérimentés, mais, comme dans le choix des banques, vous devrez surveiller les coûts de près.

2. Le choix des produits d'investissement

Vous avez remarqué que j'emploie souvent le mot de produits quand j'évoque les placements et les investissements. C'est volontaire.

Les financiers et les intermédiaires évitent d'utiliser ce mot pour conserver une certaine hauteur et vous intimider. « Chez nous, les financiers, on ne vend pas des produits mais des placements… ! »

Mais je veux que vous compreniez bien qu'il ne doit pas y avoir dans votre esprit de différence entre le choix d'un placement ou de tout autre produit. Vous devez faire comme vous faites aujourd'hui pour tout : comparer, comparer encore et négocier et aller au meilleur produit en payant le moins possible. Ne vous laissez pas faire. Un placement, un investissement, c'est un produit. Purement et simplement.

Là encore, commençons par une règle claire et inviolable : **Il faut des produits ultrasimples et à coûts ultraréduits**.

Vous ne devez pas acheter ce que vous ne comprenez pas. Il se peut que vous deviez y passer un peu de temps (est-il normal que vous consacriez des heures à la lecture d'une notice d'aspirateur ou d'un smartphone alors que vous ne voulez pas perdre une petite demi-heure sur la fiche descriptive d'un investissement ?) mais à l'arrivée vous devez comprendre parfaitement ce que vous achetez. Dans le cas contraire, ne le faites pas.

Quant aux coûts, il faut que vous ayez une approche quasi obsessionnelle. La rentabilité des produits financiers est souvent totalement broyée par les frais ; pour la préserver, vous devez, ce n'est pas amusant ni agréable mais c'est nécessaire, rogner sur tout. Pas au détriment de la qualité. Et, bonne nouvelle, qualité et coûts réduits sont compatibles.

Dans la phase de prise de position, la deuxième phase de votre régime, nous allons introduire uniquement des « aliments financiers » de base. En gros uniquement des protéines. Pas de graisses bien sûr, pas de sucres rapides et même pas de sucres lents…

Et les protéines d'une gestion financière saine, basique et efficace, sont :

— les livrets ;

— un contrat d'assurance-vie ;

— un PEA.

Ça, **c'est le régime de base**.

Quel que soit votre profil.

C'est aussi simple que cela.

Ensuite ce sont les proportions qui vont varier. Mais votre « organisme » financier peut fonctionner avec ces trois aliments de base.

Pourquoi ces trois produits ?

Parce qu'ils sont simples, efficaces et bénéficient d'incitations fiscales qui existent encore, même si elles seront « rabotées » progressivement, cela a déjà largement commencé avec la loi de finances 2011.

En fonction de votre « profil » et de votre indice de risque optimal déterminés pendant la phase d'attaque, nous allons composer un mélange de ces trois compartiments avec des proportions différentes.

Il s'agira de faire simple. Très simple. Encore. Toujours.

Les livrets représenteront la partie **« sans risque »** de votre portefeuille.

Les contrats d'assurance-vie seront à 80 % « sans risque » et à 20 % « à risque limité » et représenteront la partie **conservatrice** de votre portefeuille.

Le PEA représentera la partie **« offensive »** de votre portefeuille.

Les livrets

Commençons par les livrets ou plutôt par LE livret. THE livret.

Le livret A. 65 millions d'habitants en France et 60 millions de livrets A. 60 millions ! Incroyable non ? Certes, beaucoup ne sont ouverts qu'avec quelques dizaines d'euros mais c'est tout de même un chiffre spectaculaire.

Le livret est distribué depuis 2009 par toutes les banques (attention, au Crédit mutuel, il s'appelle le livret bleu). Cela a fait le succès du produit qui aujourd'hui représente un total de plus de 200 milliards d'euros ! Plafond du livret pour l'instant : 15 300 euros.

À côté de l'écrasant livret A cohabitent quelques livrets.

Ceux qui peuvent éventuellement vous concerner, vous ou vos enfants, sont :

— **Le Livret Jeune**.

Un seul par enfant. Pour les enfants de 12 ans mais jusqu'aux grands enfants de 25 ans. Plafond à 1 600 euros de versement. Avec un taux attractif compte tenu de l'absence d'imposition, au minimum égal à celui du Livret A.

— **Le Livret de développement durable (ex-CODEVI)**.

Là encore un petit produit exonéré d'impôts. Deux maximum par foyer. Réservé aux contribuables. Taux aligné sur le livret A. Plafonné à 6 000 euros. À n'utiliser que si vous avez atteint votre plafond sur le livret A.

— **Le Livret d'épargne populaire**.

Un LEP au maximum par contribuable. Destiné aux plus défavorisés (il faut justifier d'un impôt, avant déduction des crédits d'impôts, inférieur à 757 euros. Le plafond est à 7 700 euros).

Et les super-livrets ?

Vous avez vu fleurir depuis quelques années ces super-produits de placement qui vous offrent des super-taux avec des super-publicités. Où est le super-piège ?

En fait il n'y en a pas vraiment. Le seul piège, c'est votre paresse éventuelle. Les banques qui font ces offres promotionnelles vous font ouvrir un compte en vous attirant avec un taux de placement très attractif sur une période courte, de trois à six mois. Sur ces taux, les banques perdent de l'argent. Mais elles comptent sur le fait que vous allez rester, par paresse ou par inattention. Au-delà de la période promotionnelle, vous allez être rémunéré au taux normal et le banquier va surtout vous proposer des produits comme des contrats d'assurance-vie sur lesquels les marges seront bonnes pour lui. Voilà la ruse. Rien de vraiment anormal.

Ces super-livrets sont des livrets non réglementés. Ils ne bénéficient d'aucune incitation fiscale.

Bfor Bank s'est lancé en proposant 5 % de rémunération, soit environ 3,5 % nets d'impôt, pendant trois mois, jusqu'à 100 000 euros. Ou encore Barclays avec son livret Barclays Premier Life qui proposait aussi du 5 % mais jusqu'à 250 000 euros. Et bien sûr le pionnier du produit, ING Direct, avec 4,8 % pour une première ouverture de compte dans la limite de 120 000 euros.

À RETENIR • On va faire le plein de livrets dits réglementés ou livrets défiscalisés. Ce ne sont pas des produits sexy mais ce sont des produits nécessaires et utiles. Pour les super-livrets, seuls les plus vigilants d'entre vous devrez en souscrire (un à la fois, pas plus).

Le PEA (Plan d'épargne en actions)

Qu'il est beau le PEA ! Une vraie aubaine, et pour vous, investisseurs, et pour les entreprises françaises et maintenant européennes.

Petit rappel (bref pour ne pas être ennuyeux). Le PEA a été créé en 1992 pour pousser les Français qui n'aiment pas les actions ni la Bourse (7 millions d'actionnaires seulement en France dont 400 000 seulement très actifs contre… 60 millions de détenteurs de livrets A…) à investir dans des entreprises. C'est une enveloppe de placement. Une seule contrainte : on doit avoir en permanence 75 % d'actions de sociétés françaises ou européennes ou de fonds dits éligibles PEA (et on verra qu'il y a toutes sortes de fonds éligibles PEA). Un seul PEA par personne seulement. Deux au maximum par foyer fiscal. Un montant total de versements qui ne peut dépasser les 132 000 euros. Avantage fiscal : pas d'impôt sur les plus-values après cinq ans. Et on peut, à l'intérieur du PEA, acheter et vendre des actions ou des fonds, et bénéficier tout de même de l'exonération si le plan est conservé cinq ans sans retraits.

En cas de retrait avant cinq ans, vous perdez les avantages du PEA et vous êtes imposé comme pour un compte titres, soit à 18 % plus 12,1 % de CSG/ CRDS.

RÉSUMÉ • Dans cette phase de prise de position, il va vous falloir un PEA. Le PEA est un compte titres classique avec incitation fiscale. On ne va mettre dans votre PEA que des produits simples et peu coûteux. Des fonds indiciels indexés sur l'indice CAC 40, les plus grosses valeurs françaises, et sur l'indice des plus grosses entreprises européennes, l'Eurostoxx 50.

Les contrats d'assurance-vie

Chacun doit avoir son contrat d'assurance-vie. Vous et vos enfants. Quel que soit leur âge. Pour une raison simple. Malgré les coups de rabot réguliers donnés par des gouvernements qui doivent financer leurs dépenses somptuaires et la couverture sociale de ceux qui n'ont pas de travail, l'assurance-vie bénéficie encore de véritables avantages fiscaux. Avant l'arrivée des contrats à coûts réduits, les banques, les compagnies d'assurance et les intermédiaires raflaient une bonne partie des avantages fiscaux qu'on vous accordait. Aujourd'hui, c'est moins le cas.

Je vais essayer de vous expliquer simplement ce qu'est l'assurance-vie et ses avantages avec le strict minimum que vous devez savoir. Si vous voulez creuser, venez sur www.monsieurfinance.com.

L'assurance-vie n'est rien d'autre qu'une enveloppe fiscale.

Une enveloppe dans laquelle vous pouvez loger beaucoup de produits financiers en bénéficiant d'avantages uniques ou presque :

— Les capitaux qui sont remis ou transmis en cas de décès à travers une assurance-vie subissent des droits de succession réduits. Pour tous les contrats ouverts depuis le 13 octobre 1998, chaque bénéficiaire a droit à un abattement de 152 500 euros sur les capitaux perçus et sera taxé à 20 % sur le reste. Attention : si vous faites des versements après 70 ans, l'abattement après votre décès sera de 30 500 euros seulement, d'où la nécessité absolue de commencer tôt.

— La taxation des retraits est complexe. Et, dans tous les cas, il vaut mieux opter pour un système d'avances (si vous avez besoin d'une partie de l'argent que vous avez dans votre contrat, la compagnie d'assurance va vous faire une avance garantie par votre placement) que pour un retrait sauf si vous êtes dans des tranches basses de l'impôt sur le revenu. Retenez simplement qu'après 8 ans, les intérêts, les plus-values, ou autres distributions sur le sommes que vous avez versées sont très faiblement taxées, voire exonérées d'impôts.

Il existe deux catégories principales d'assurance-vie :

— les contrats en euros ;

— les contrats multisupports.

Les contrats en euros sont principalement investis sur des obligations. Vous connaissez au début de chaque année le taux de rendement de votre contrat et vous n'avez pas le risque de perdre votre capital. Les seuls risques que vous avez sont : que les taux baissent et donc que le rendement baisse (il est passé de plus de 10 % dans les années 1980, à 6 % environ dans les années 1990, à moins de 4 % aujourd'hui), ou bien sûr que la compagnie d'assurance ou que l'État français fasse faillite…

Les contrats multisupports sont, comme leur nom l'indique, des contrats où vous pouvez tout mettre, des actions, des obligations, des fonds sur tout et n'importe quoi. Bien évidemment vous avez dans ce cas un risque en capital si la Bourse baisse et que vous avez investi dans les actions ou si l'or baisse et que vous avez investi dans des fonds or.

MAIS :

Vous pouvez acheter un contrat multisupports et y mettre principalement des fonds en euros alors que dans un contrat en euros, vous ne pouvez mettre QUE des fonds en euros, à l'exclusion de tout autre placement. Vous pouvez modifier sa composition. C'est une enveloppe de fonds. Chaque contrat propose un catalogue dans lequel vous pouvez piocher. Si à un moment vous avez peur, vous passez 100 % en fonds euros, si trois mois après vous avez envie d'avoir un peu d'or vous vendez 10 % de vos fonds euros et vous achetez des fonds or. Ces opérations s'appellent des arbitrages.

Évoquons les frais.

Les contrats d'assurance-vie ont engraissé, et le mot est faible, les compagnies d'assurance, les intermédiaires et les banques sur votre dos. Vous vous êtes fait vraiment massacrer et vous avez enrichi le monde de l'assurance et de la finance. C'est encore souvent le cas, mais Internet a changé la règle et a obligé les acteurs financiers à un peu plus de décence. Car les contrats d'assurance-vie peuvent se révéler de véritables pièges à frais.

Il y a :

– les frais de versement : quand vous versez de l'argent, à l'ouverture puis à chaque fois. Ils ont été longtemps à 4 % ! En gros, si votre placement ne vous rapporte que 4 %, vous ne gagnez rien : c'est l'assurance et l'intermédiaire qui prend tout ! Aujourd'hui on propose sur Internet du 0 % et même dans votre banque ou chez votre intermédiaire n'acceptez pas de payer plus de 1 % ou 1,5 % pour un contrat multisupport. Dites à votre intermédiaire ou votre banque : C'est ça ou je vais sur Internet ;

— les frais de gestion : les frais annuels que prend la compagnie d'assurance pour « gérer » votre argent. Là encore, c'était la fête pour eux avant qu'Internet n'arrive ;

— les frais d'arbitrage. Dans un contrat multisupports vous pouvez acheter un fonds et en vendre un autre, régulièrement. C'était une nouvelle occasion pour nos amis de vous tondre. Une sorte de péage où vous perdez une partie de la voiture à chaque passage jusqu'à que vous n'ayez plus qu'un volant entre les mains. Là encore, vous devez exiger des frais d'arbitrage réduits, voire nuls. C'est ce que vous avez sur Internet ;

— les frais cachés : vérifiez que votre contrat ne vous charge pas des frais de sortie anticipée au cas où vous voulez retirer votre argent et qu'il ne vous prend pas également des frais d'entrée quand vous achetez un fonds en plus des frais d'arbitrage. Si vous avez un doute, contactez-moi sur www.monsieurfinance.com…

À RETENIR • Chacun doit avoir un contrat d'assurance-vie. Il faut l'ouvrir le plus jeune possible quitte à y verser peu d'argent. Il faut ouvrir, quel que soit votre profil, un contrat multisupports quitte à y mettre 90 % de fonds en euros. Ce contrat est ultra-flexible car, à l'intérieur, vous pouvez changer de produits quand votre situation évolue ou que votre perception du risque n'est plus la même.

Vous ne devez avoir que trois critères pour choisir votre contrat : la solidité de la compagnie d'assurance, les frais qui ont été, et sont encore trop souvent, un vrai scandale, et la diversité et les performances des fonds qui sont accessibles à travers le contrat d'assurance-vie.

OÙ ACHETER ?

Les livrets simples ? Vous pouvez les acheter dans les banques que vous avez sélectionnées. Les conditions sont les mêmes partout.
Les super-livrets ? Je ne vous conseille d'y souscrire que si vous avez le temps de zapper d'une offre à l'autre quand la période de rémunération « subventionnée » s'arrête. Trois mois chez B for Bank, puis trois

mois chez ING, puis trois mois chez Barclays, et ensuite retour à vos deux banques.

Les PEA ?

Deux choix :

— **Vous avez envie dans les phases suivantes d'être très actif en Bourse,** parce que la Bourse est une de vos passions, parce que vous avez, un peu, une âme de joueur, ou parce que vous vous intéressez à la vie des entreprises. Dans ce cas, ouvrez votre compte titres PEA chez un courtier en ligne. Attention : ce courtier doit être la filiale d'une grande banque ou avoir comme « dépositaire » une grande banque (le dépositaire est l'établissement financier dans lequel est vraiment déposé votre argent ; du coup, si l'intermédiaire fait faillite, votre argent n'est pas en danger). Pourquoi un courtier en ligne ? Pour les coûts de transaction et pour la facilité à passer des ordres.

— **Vous n'avez pas l'intention d'être actif** et souhaitez simplement acheter des fonds et quelques actions de temps en temps. Dans ce cas, vous pouvez ouvrir votre compte titres PEA dans une des deux banques que vous avez choisies si les frais sont réduits ou que vous parveniez à les négocier. Ou vous pouvez tout simplement ouvrir dans ce cas aussi un compte chez un courtier en ligne.

Un contrat d'assurance-vie ?

Avant de souscrire à un contrat d'assurance-vie, passez, au moins pour vous faire une idée de ce qui existe dans le marché, par Internet.

Vous pouvez par exemple consulter un site de comparaison de contrats d'assurance-vie en ligne comme www.comparatif-assurance-vie.com sur lesquels vous trouverez les contrats proposés par :

— Fortuneo Banque (assureur Suravenir, du groupe Crédit mutuel) ;

— Boursorama Banque (assureur E-cie Vie, filiale de Generali, premier groupe européen) ;

— Bourse Direct Vie (assureur Groupe Apicil) ;

— Linxea (assureurs : ACMN et Suravenir (Crédit mutuel), E-cie (Generali) ;

— Monfinancier.com (assureur ACMN, groupe Crédit mutuel) ;

— E-c. vie (groupe Generali) ;

— Monabanq Vie (Generali) ;
— ING Orange Direct Vie (E-cie Vie, groupe Generali),
ainsi que d'autres contrats contre Hedios Vie, Direct Assurance Vie ou encore Altaprofits Vie.

Je vous conseille également d'aller sur l'excellent site www.lesdossiers.com, site des publications des « Dossiers de l'épargne ». Vous trouverez un comparateur complet sur près de 500 contrats d'assurance-vie en ligne ou *off line* avec un classement des performances et des labels de qualité. Épatant et indépendant.

Fort des performances et des frais que vous verrez, vous serez en position de négocier auprès de votre intermédiaire habituel. N'hésitez pas à interroger votre banque ou votre compagnie d'assurance et à négocier ferme. Et si elles ne réduisent pas substantiellement leurs conditions, optez pour une assurance-vie en ligne avec une compagnie d'assurance solide.

Voici ce qui se pratique, en termes de frais, pour de bons contrats d'assurance-vie en ligne :
— frais d'entrée et frais sur versements : 0 % ;
— frais de gestion sur fonds euros : 0,60 % ;
— frais de gestion sur fonds Unités de Compte : 0,60/0,90 % ;
— arbitrages : gratuits totalement ou en partie (15 euros au-dessus)

Vous pouvez accepter de payer *off line* un peu plus si vous vous sentez plus à l'aise avec votre intermédiaire habituel, mais il ne faut pas que ce sacrifice lié à votre fidélité soit trop dommageable.

Conclusion de la phase de prise de position

• À la fin de la phase de prise de position, on doit se retrouver avec TROIS compartiments :

1. Les livrets.

2. Le PEA.

3. Un contrat d'assurance-vie.

Reste, avant de conclure cette phase, à répondre à deux questions essentielles :

Quelle proportion pour chacune des trois poches ?

Cela dépend bien évidemment de votre portrait de phase d'attaque et de votre indice de risque optimal (IRO).

Mais vous avez compris les principes généraux comme par exemple :

— plus vous êtes âgé, et plus la part sécurité doit être importante ;

— vous devez pondérer cela par votre appétit naturel pour le risque ;

— et intégrer la notion d'objectifs de gestion.

Exemples :

Madame a 40 ans, elle est divorcée, a trois enfants en bas âge, ses revenus sont stables et prévisibles, elle est propriétaire de sa résidence principale, adepte du delta-plane et du saut à l'élastique, et elle a 100 000 euros d'économies. Objectifs : revenus complémentaires.

Résultat : IRO proche 50 %, le maximum de ce que je préconise (au-delà, comme je l'ai déjà dit, même dans un profil comme celui-ci, on rentre en zone de risque trop élevé).

Et voici un exemple de répartition qui peut correspondre : **10 % livrets A ; 25 % PEA, 65 % contrat d'assurance-vie avec 60 % fonds euros et 40 % fonds indiciels sur les bourses européennes**.

Madame a 75 ans, elle est veuve, touche une petite retraite mais suffisante pour couvrir les frais de vie y compris le loyer. Elle a une volonté de transmission, et a toujours été très prudente.

Résultat : IRO de 5 %.

Allocation type : **10 % livret A ; PEA : 5 % (pour rester jeune !) ; assurance-vie : 85 % avec 100 % de fonds en euros.**

Monsieur et Madame ont respectivement 45 et 55 ans. Ils n'ont pas d'enfants, une faible visibilité sur les revenus mais des dépenses sous contrôle et un train de vie très low profile. Zen, baba cool. Ils ont 35 000 euros d'économies venus de l'héritage d'une grand-mère. Objectif : revenus complémentaires et épargne de précaution.

Résultat : IRO de 45 %/50 %.

Allocation type : **15 % livret A ; 35 % PEA ; 50 % assurance-vie (80 % fonds euros, 20 % fonds indiciels sur les bourses européennes).**

Monsieur et Madame ont respectivement 55 ans et 35 ans. Monsieur en est à son troisième mariage. Madame ne travaille pas. Ils ont à charge quatre enfants de trois mariages précédents. Gros salaire pour Monsieur, grosses dépenses pour Madame. Monsieur est propriétaire de leur résidence principale et a 1 million d'euros d'économie.

Objectif : maintenir le train de vie en cas de pépin.

Réponse : mission impossible. Il faudra réduire les dépenses. En attendant :

Résultat : IRO de 75 % ! (on est en zone de danger, largement au-dessus des 50 % de placements à risque que je préconise, mais dans ce cas il faut prendre de gros risques tant la situation est compliquée).

Allocation type : **5 % livrets ; 50 % PEA, 45 % assurance-vie dont 50 % fonds euros et 50 % fonds indiciels.**

Vous avez compris le principe ?

Que faire de ce que vous avez déjà en portefeuille ?

1. Vous devez éliminer, sans états d'âme, toutes les banques, intermédiaires financiers qui n'offrent pas la garantie maximale. Même ces derniers peuvent présenter un jour un risque, alors imaginez ce qu'il peut arriver aux plus petits ou aux plus exotiques.

2. Vous devez éliminer ou geler, sans états d'âme non plus, tous les produits dans lesquels vous vous faites massacrer en termes de commissions. Il y a fort à parier si vous avez souscrit depuis quelques années à une assurance-vie auprès de votre banque, qu'elle vous prend encore 3 % sur chacun des versements que vous effectuez pour l'alimenter. Dans ce cas, on ne liquide pas pour ne pas perdre l'avantage fiscal de votre assurance-vie en cours. On ne fait plus de versements. Et on ouvre un autre contrat d'assurance-vie 0 % de matières grasses. En revanche, si vous avez un PEA dans un établissement bancaire qui vous ensevelit sous une masse de frais graisseux, négociez et, s'il ne plie pas, quittez de suite ce fast-food dévastateur pour votre santé financière. Transférez (aucun besoin de liquider, on peut transférer un PEA sans que cela coûte rien, en faisant payer le coût du transfert par l'établissement qui reçoit le PEA, et sans perdre bien sûr l'avantage fiscal) dans un établissement 0 % de matières grasses ou très allégé.

3. Si vous avez un bon contrat d'assurance-vie dans lequel il y a autre chose que des fonds euros, ou si vous avez autre chose que des fonds indiciels dans votre PEA, et que les proportions correspondent à votre profil, pas la peine de liquider car, dans les phases suivantes du régime, on va introduire de nouveaux aliments financiers que vous avez peut-être déjà. Ce serait dommage de les céder maintenant pour les racheter deux semaines après.

3/

La phase de consolidation

DURÉE • 2 semaines.

OBJECTIF • Marquer une pause et souffler pour que tout se mette en place progressivement et que vous compreniez parfaitement ce que vous avez en portefeuille.

Avertissement : Cette phase est extrêmement importante. Ne la sous-estimez pas sous prétexte que ce n'est pas une « phase active ».

Vous venez de passer des étapes essentielles et éprouvantes.

Cette phase permettra notamment d'opérer des réajustements si, par exemple, vous ne vous sentez pas à l'aise avec les proportions de produits que vous avez en portefeuille ou encore avec les banques ou intermédiaires que vous avez choisis.

C'est également une phase de préparation à la période de stabilisation pendant laquelle on va introduire de nouveaux « aliments financiers ».

Une phase de réflexion et de « formation ».

Il va falloir se poser les questions suivantes :

1. Dois-je « jouer » en Bourse ?

2. Dois-je acheter des fonds et si oui lesquels ?

3. Est-ce que je suis apte à utiliser des produits complexes et si c'est le cas quand les utiliser ?

4. Dois-je faire de la défiscalisation ? Vaste sujet… de moins en moins quand même avec le rabotage des niches fiscales.

1. Dois-je jouer en Bourse ?

Je vais vous faire une révélation.

Vous vous en doutiez mais aucun professionnel de la finance ne peut le dire haut et fort : **La Bourse est un marché d'initiés**. C'était le cas avant-hier et hier, c'est encore plus le cas aujourd'hui.

Quand vous achetez une action du CAC 40, vous avez en face de vous les plus grosses banques d'affaires du monde avec leurs meutes de traders et les plus gros fonds spéculatifs de la planète. Est-ce que vous prendriez le départ du Tour de France si vous avez seulement l'habitude de faire une promenade en vélo en famille une fois par mois? Est-ce que vous seriez prêt à courir le marathon si vous n'avez jamais couru plus de dix minutes dans votre vie ? En Bourse, vous serez, sur la durée, toujours perdant si vous n'êtes pas un pro. Les pros ne se refilent pas des « tuyaux » toute la journée, c'est plus subtil; c'est pour cela qu'ils ne se font jamais attraper. Ils bénéficient d'un réseau d'informations tellement étendu que quand vous avez l'information, même avec la rapidité miraculeuse de l'Internet, ils l'ont eue avant vous. Une minute ou une nanoseconde avant vous, peu importe. Il suffit de l'avoir avant. Et dans ce cas vous serez toujours perdant. Comme je ne vous conseille pas de chercher des informations « privilégiées » qui vous mèneraient à la case prison obligatoirement (car vous êtes un petit joueur… les gros sont au-dessus des lois), je ne vous recommande la Bourse en direct que dans les cas suivants :

— Vous êtes joueur et cela vous excite de spéculer en Bourse. Au casino, quand on rentre, on sait que la banque gagne toujours. En Bourse, c'est pareil. Si vous en avez conscience et que vous avez quand même envie d'y aller, ne vous privez pas. Mais ne jouez pas plus de 5 % de votre argent en direct. Quand je dis en direct, c'est sans passer par des fonds ni être conseillé par de vrais pros.

— Vous aimez les entreprises, surtout les petites. Et vous avez envie, malgré les risques, de participer à l'aventure de certaines pépites boursières, des pépites qui peuvent exploser comme Meetic ou Iliad (Free) ou disparaître… Dans ce segment de la Bourse qui intéresse moins les requins de la finance, la lutte est souvent moins rude ; vous ne partez pas avec un handicap.

— Vous avez suffisamment d'argent pour prendre une participation significative dans une société cotée dans un secteur que vous connaissez pour éventuellement peser ou intervenir dans la gestion, voire pour faire un raid ! Difficile avec 1 000 euros et même avec 1 million d'euros.

— Vous êtes bien conseillé. Il y a quelques bons professionnels de la Bourse. Ils sont rares. Ils peuvent se tromper car ils sont humains mais ils se trompent moins souvent qu'ils n'ont raison et ils vous apprennent à gagner plus quand vous gagnez et à perdre moins en stoppant vos pertes quand vous perdez.

À RETENIR • Si la Bourse ne vous passionne pas, ou ne vous intéresse pas du tout, n'y touchez qu'à travers des fonds et jamais en direct. Si la Bourse vous intéresse, allez-y mais soyez conscient des dangers et trouvez-vous un bon conseiller.

2. Dois-je acheter des fonds et si oui lesquels ?

Pour être tout à fait direct, vous n'avez pas le choix. Vous allez devoir acheter des fonds. Des fonds, ce sont des produits financiers d'investissement mutualisé. En clair, ce sont des produits dans lesquels des particuliers ou des investisseurs institutionnels mettent leur argent pour qu'il soit géré au mieux suivant des critères définis par avance.

Le terme technique pour un fonds, c'est OPCVM : organisme de placement collectif en valeurs mobilières. L'AMF, l'Autorité des marchés financiers, le gendarme de la finance qui doit théoriquement vous protéger, en donne cette définition dans son glossaire (je vous conseille l'Espace de l'épargnant, il est très bien fait, ainsi que le lexique sur le site : www.amf.france.org) :

« Produits d'épargne [remarquez que l'AMF parle de "produits"] qui permettent de détenir une partie d'un portefeuille de valeurs mobilières (actions, obligations...) commun à plusieurs investisseurs et dont la gestion est confiée à un professionnel. Il y a deux types d'OPCVM : les SICAV et les FCP. La SICAV (société d'investissement à capital variable) est un OPCVM qui a une personnalité juridique (société) et qui émet des actions par opposition aux FCP (fonds communs de placement) qui n'ont pas la personnalité juridique et émettent des parts). »

Pas de panique surtout. Tout cela, c'est du verbiage juridico-financier et cela n'a aucune importance. Vous pouvez l'oublier après l'avoir lu. Je vous l'ai juste dit pour que vous puissiez un peu briller dans un dîner en ville...

Non, l'important c'est de vous y retrouver lorsque nous allons attaquer la phase de stabilisation dans la jungle des fonds, car il y en a des milliers. Tous avec des noms ronflants ou au contraire rassurants alors que leur gestion ne l'est pas toujours. Plus vous verrez d'ailleurs les mots sécurité, sérénité, équilibre, et plus je vous demande de déclencher vos sonnettes d'alarme personnelles.

Essayons, une fois de plus, de faire simple.

Il y a des fonds sur tout (et n'importe quoi...) : actions, obligations, cash ou quasi cash (fonds monétaires), matières premières de toutes sortes, or bien sûr, mais aussi pétrole ou encore matières premières alimentaires.

Il y a des fonds partout. Les fonds sont « domiciliés » dans tous les pays du monde. En France déjà, mais également au Luxembourg ou encore dans les lieux assez exotiques comme les îles Caïmans. Vous avez sûrement entendu parler des *hedge funds*, ces fameux fonds spéculatifs qui sont pour la plupart domiciliés dans des beaux paradis fiscaux.

Il y a des fonds gérés très différemment et c'est un point essentiel :

— des fonds « passifs » : ce sont des fonds dits indiciels, des fonds gérés par des équipes qui doivent reproduire aussi fidèlement que possible, et si possible mieux, un indice, par exemple un indice boursier comme le CAC 40. Ils se valent tous ou presque. Choisissez ceux sans frais d'entrée et aux frais de gestion les plus bas. Choisissez ceux de votre banque habituelle. Pas la peine de vous casser la tête.

— Des « trackers » : ce sont des fonds passifs, ultra-passifs même, qui eux aussi répliquent un indice avec des frais encore plus réduits et qui présentent l'avantage d'être cotés sur un marché réglementé à la Bourse.

— Des fonds « actifs », c'est-à-dire des fonds gérés par des gérants qui ont des convictions et des méthodes de gestion. Ils tentent de faire mieux qu'un indice de référence ou, et c'est de plus en plus la mode avec des fonds dits « patrimoniaux ». Ils cherchent à faire ce qu'on appelle, en jargon financier, de la performance absolue, c'est-à-dire mieux que 0, en tentant de ne pas vous faire perdre de l'argent. Ces fonds ont la cote surtout en période d'euphorie, période pendant laquelle fleurissent les gérants « indépendants » (ceux qui ne travaillent pas pour des grandes banques). Là encore, c'est un pari. Un pari sur un homme ou une équipe. Avec des réussites diverses. Certains gérants ont disparu, d'autres superforment régulièrement leurs indices de référence. Mais il n'y a pas des dizaines de Warren Buffett et, de toutes les façons, il est trop vieux maintenant pour qu'on mise encore sur lui. Pour compliquer le tout ; plus ces gérants sont bons, plus ils attirent de l'argent et plus il leur devient difficile de faire des plus-values. Vous pouvez en choisir un ou deux mais privilégiez les trackers et les fonds indiciels. Gardez l'œil sur les frais d'entrée (ne payez rien) et sur les frais de gestion (payez le moins possible).

Certains organismes comme Morningstar (www.morningstar.fr) ou Europerformance (europerformance. fr) donnent sur leurs sites des notes à tous les fonds. **N'achetez pas un fonds sans avoir vérifié qu'il bénéficie de la meilleure notation.** Sur le site www.morningstar.fr, accessible gratuitement, vous aurez les évaluations de la performance des fonds par des équipes d'analystes professionnels avec, un peu comme dans le guide Michelin, des étoiles attribuées en fonction de la performance nette des fonds (nette de frais) et de la volatilité (indice de mesure de la variation de la performance). Privilégiez les 5 et 4 étoiles. Évitez les autres sauf conseil spécifique d'un (vrai) professionnel.

À RETENIR • Les fonds sont des « aliments » financiers incontournables pour toute gestion de vos économies. Il faut choisir des fonds simples, de qualité, avec des frais réduits. Et il y en a. Vérifiez leurs notations avant d'acheter. N'hésitez pas à les comparer grâce à des petits programmes que vous trouverez sur les sites de bourse ou de banque en ligne.

FAUT-IL ACHETER DE L'OR ?

Les Français aiment le livret A, la pierre et l'or.

Et en cette période d'incertitude, il y a une forte envie d'acheter de l'or.

De l'or « financier » mais aussi de l'or physique.

De l'or qu'on peut voir, toucher, et planquer sous son lit (pas recommandé), ou dans un coffre (c'est plus sûr… sauf quand les banques sont cambriolées ou si les enfants de Spaggiari reviennent dans le circuit).

L'or, c'est vraiment un sujet sur lequel on pourrait écrire des dizaines de livres. C'est l'objet de tous les fantasmes.

Mais, depuis plusieurs mois, le fantasme s'est transformé en réalité.

L'or a flambé. Il valait 280 dollars à la fin des années 1990. Dix ans plus tard, il est monté au-dessus de 1 400 dollars !

Et pourtant l'or ne « rapporte » rien. Il fait partie de ces placements qui n'offrent pas de rendement. On gagne de l'argent avec l'or si son cours monte. Uniquement. Son cours fluctue en permanence, tous les jours, toutes les minutes et il peut baisser brutalement de 20 à 30 % comme cela a été le cas entre 2006 et 2007 avant de rebondir violemment lors de la crise financière de 2008 et de la crise des États.

L'or monte car il est considéré comme un *win-win* : soit l'économie replonge en récession et les États seront en crise, ce sera le chaos et l'or servira de valeur refuge ; soit l'économie mondiale rebondit, et l'inflation explose et l'or servira de valeur refuge en temps d'inflation. Donc il faut avoir de l'or. Au pire pour un effet placebo. Si cela doit vous rassurer, même si cela ne sert pas à grand-chose, mettez de l'or dans vos économies. Pas plus de 5 % de vos économies disponibles cependant. Avec de l'or physique ou de l'or papier.

Le plus simple pour acheter de l'or physique, c'est encore de passer par sa banque, qui va alors placer pour vous un ordre sur le marché de l'or organisé. Vous pouvez acheter et vendre des lingots, voire des minilingots maintenant, ou une quinzaine de pièces d'or différentes comme le napoléon, le franc suisse, la pièce de 10 dollars US, le peso, ou le florin.

Vous pouvez choisir de passer un ordre au marché, c'est-à-dire au cours du jour fixé, ou bien de passer des ordres à cours limité.

Les banques vous factureront alors des commissions d'achat qui peuvent aller de 2 % à 4 %, plus éventuellement la location d'un coffre afin de conserver l'or.

L'autre solution pour négocier de l'or physique est de passer par un bureau de change ou un numismate. Ces intermédiaires vous offrent l'avantage de prendre des commissions moindres, négociables en fonction des quantités achetées, et vous bénéficiez en plus de l'anonymat de votre transaction. Cependant, les prix qu'ils proposent ne sont pas toujours les mêmes que sur le marché de l'or organisé. Il faut donc bien étudier les cours pour voir s'il est réellement plus avantageux de passer par ce type d'intermédiaire.
Enfin, la troisième solution pour investir sur le marché de l'or est d'investir sur de l'or papier, c'est-à-dire des certificats ou des trackers qui répliquent le cours de l'or. C'est la meilleure solution tant en terme de simplicité qu'en terme de coût. Il existe de nombreux trackers cotés à Paris que vous pouvez acheter comme des actions.

3. Dois-je utiliser des produits complexes ?

Plus les produits se sont banalisés, plus les banques ont été obligées d'inventer des produits compliqués pour augmenter leurs marges et vous ferrer avec des produits qui ne répondent en aucun cas à votre demande.

Il y a plusieurs catégories de produits complexes et ce sont souvent eux qui permettent de spéculer sur les marchés.

Alors, première règle : si vous n'avez aucune expérience de la spéculation, aucune, par pitié n'y touchez pas. Car ce sont souvent des produits de destruction massive : en gros, à tous les coups on perd quand on n'y connaît rien.

Sauf si vous êtes un joueur invétéré et que vous savez que vous allez perdre mais que cela vous amuse (dans ce cas, faites comme quand vous allez dans un casino : limitez la somme que vous êtes prêt à perdre).

Si vous avez une certaine expérience, allez-y uniquement si ça vous amuse. Car, même avec de l'expérience, ces produits permettent rarement de gagner de l'argent.

Dans la famille des produits complexes spéculatifs, il y a eu d'abord les *warrants*. Ce sont des produits cotés qui vous permettent de parier sur la hausse ou la baisse d'un marché, que ce soit une action, un indice boursier, une monnaie ou encore de l'or ou du pétrole… Ces produits sont d'excellents produits… pour les banques. Elles leur rapportent des petites fortunes. D'ailleurs vous remarquerez qu'elles investissent beaucoup pour des campagnes de pub dans la presse spécialisée tant ce produit est lucratif. S'il est lucratif pour les banques, il est souvent dévastateur pour vous. Je vous le déconseille. Purement et simplement.

Après les warrants, les banques ont inventé les *turbos* (un nom rassurant…). Ce sont là encore des produits qui permettent de parier sur un marché, à la hausse ou à la baisse, avec une petite innovation : une « barrière désactivante ». Exemple : vous voulez jouer la baisse de l'or. L'or vaut 1 400 dollars l'once. Vous achetez un turbo à la baisse avec une barrière désactivante à 1 600 dollars, c'est-à-dire un produit dont la valeur va s'apprécier si l'or baisse, se déprécier si l'or monte et carrément valoir zéro si l'or touche même une fois les 1 600 dollars. À l'usage, ce produit est un bon produit mais il est **DESTINÉ AUX INVESTISSEURS LES PLUS QUALIFIÉS**.

Puis certaines banques et intermédiaires financiers ont inventé une nouvelle bombe. Les CFD, *contracts for difference*. En fait, c'est tout simplement là encore des produits qui vous permettent de jouer à la hausse ou à la baisse de tout, parfois avec de gros effets de levier. Seul petit problème. Dans le cas d'un warrant ou d'un turbo, vous connaissez le montant de la perte maximum, dans le cas d'un CFD la perte peut être illimitée. C'est un produit destiné aux pros ou quasi-pros, à ceux qui maîtrisent leurs risques. Il « fonctionne » bien, c'est-à-dire que si vous avez raison sur une tendance, vous gagnez de l'argent et si vous avez eu tort, vous en perdez – ce qui n'est pas le cas des warrants avec lesquels on peut avoir raison sur la tendance et avoir eu la bonne idée mais tout de même perdre de l'argent (la magie de la finance…). Mais c'est un produit explosif à ne pas mettre en toutes les mains.

À RETENIR • Les produits complexes comme les warrants, turbos et CFD ne doivent être utilisés que par des investisseurs aguerris et conscients des risques qu'ils prennent. Les warrants fonctionnent assez mal, les turbos et les CFD mieux, mais sont dangereux pour les non-initiés.

4. Faut-il défiscaliser ?

Pourquoi poser une telle question dont la réponse semble toute évidente ? Bien sûr qu'il faut tout faire, dans la limite de ce qui est légal, pour payer moins d'impôts. Le problème, c'est que ce n'est pas aussi simple car il y a défiscalisation, défiscalisation, défiscalisation et défiscalisation.

La défiscalisation induite

Quand on achète un livret A, non imposé, un livret à incitation fiscale, un PEA avec exonération de plus-values à cinq ans ou encore un contrat d'assurance-vie, on fait de la défiscalisation. Cette défiscalisation-ci, il faut en consommer sans aucune réserve ni aucune limite. Elle est toujours bonne à prendre.

La défiscalisation ponctuelle

Le gouvernement ne voulait pas supprimer l'ISF mais il savait que cet impôt était contre-productif. Il a donc créé une disposition pour permettre de réduire voire d'annuler son ISF en investissant dans des PME en direct ou à travers des FIP ou des FCPI, fonds investis dans de petites entreprises. Dans ce cas, pas de doute, il faut foncer car le gouvernement fait un « cadeau » qu'il ne faut pas refuser. Attention cependant au choix des investissements. L'idée est de réduire son impôt, pas de tout perdre : renseignez-vous sur les performances passées des fonds, sur les équipes de gestion des produits. L'Internet vous permet d'obtenir toute cette information et de comparer les performances.

La défiscalisation immobilière

On pourrait passer des heures à citer les lois qui permettent aux Français d'investir dans de l'immobilier en bénéficiant d'incitations fiscales (Robien, Malraux, Borloo…). La dernière en date étant la loi Scellier. Là encore, c'est, quand on le peut, des opportunités à saisir, à un bémol près et un bémol de taille : les promoteurs de produits immobiliers de défiscalisation augmentent souvent le prix des biens immobiliers concernés. Du coup, l'avantage fiscal est compensé par le surprix que vous allez payer.

La défiscalisation exotique

Je vais vous livrer le fond de ma pensée. J'ai tellement vu de gens se faire arnaquer avec des défiscalisations sur les DOM TOM ou autres produits exotiques que j'aurais du mal à vous les recommander. Il est certain qu'il y a des intermédiaires sérieux qui vendent des produits fiables, mais ils sont rares et souvent difficiles, voire impossibles à distinguer dans la masse des intermédiaires douteux.

À RETENIR • L'État vous prend tellement d'argent qu'il faut savoir profiter des cadeaux qu'il peut faire à deux conditions : éviter les arnaques, et elles sont nombreuses, et ne pas surpayer les produits achetés, ce qui annule totalement les bénéfices de la défiscalisation. Ces niches fiscales vont cependant progressivement être rabotées car l'État a besoin d'argent.

Conclusion de la phase de consolidation

La phase de consolidation est terminée. Vous devriez vous sentir plus reposé, plus serein et mieux informé. Vous devriez avoir l'impression à ce stade que, finalement, gérer son argent pour le protéger et le faire fructifier n'est pas si difficile que cela et que c'est tout à fait à votre portée. Vous vous êtes posé quelques questions.

Vos placements continuent à se mettre en place et doivent à ce stade représenter fidèlement votre profil et vos objectifs. Prêt pour la dernière étape ?

EMERGENCY EXIT

Une nouvelle secousse financière est possible. Si elle se produit, elle sera probablement déclenchée par une crise de confiance « à la grecque » sur la dette de puissances économiques comme les États-Unis. Il sera important de savoir réagir en cas d'urgence sans paniquer pour améliorer vos chances de préserver vos économies.

Il y aura des signes avant-coureurs

Vous ne vous réveillerez pas un jour avec une faillite bancaire ou une faillite d'État sans quelques semaines de turbulences. Les signes de la crise seront un krach obligataire ou un krach boursier.

Vous aurez le temps de réagir

Prévoyez de réagir en deux semaines. Pas plus. Au pire, vous vous serez protégé pour rien mais mieux vaut aller trois fois dans un abri et qu'il n'y ait pas de bombardement que de refuser d'y aller le jour où il se produit. C'est le principe de précaution…

Gardez la tête froide

Il va falloir agir vite et bien. Mais calmement. Liquidez vos actifs financiers, fonds, contrats d'assurance-vie, placements de toute nature et retirez le cash correspondant de votre banque. C'est tout simple. Il n'y a pas d'autre solution.

De l'or et du cash

Ce sont les deux seuls actifs qui résisteront au tsunami (à part l'immobilier mais difficile d'acheter un bien immobilier en deux semaines). Achetez de l'or physique à hauteur de 30 % de votre cash. Conservez 70 % en espèces sonnantes et trébuchantes. Dans un coffre ou dans votre jardin. Attention : ne les lâchez pas des yeux.

Attendre la fin de la crise

Si le cataclysme n'a pas eu lieu, reprenez le chemin du placement après quelques semaines, sans précipitation. Et réinvestissez pendant quelques mois exclusivement en produits monétaires simples dans une très grande banque avant de placer à nouveau sur les « protéines » habituelles. Vous aurez probablement perdu, à cause de votre réaction que certains railleront en vous reprochant d'avoir paniqué, 10 % voire un peu plus de votre argent. C'est mieux que de tout perdre.
Si le cataclysme a eu lieu, il faudra attendre la grande conférence internationale qui réinventera un nouvel ordre financier mondial. Et là, vous pourrez reprendre tranquillement le chemin des placements et de la Bourse.

Attention : ces instructions ne sont pas valables qu'en cas de situation extrême.

4/

La phase de stabilisation

DURÉE • 4 semaines

OBJECTIF • Établir les bases définitives de la gestion de vos économies pour ne plus avoir à refaire la diète tous les six mois. Contrairement aux régimes alimentaires, avec un régime financier suivi fidèlement, les risques de « replonger » sont extrêmement limités. Si vous n'avez pas craqué pendant les trois premières phases, je peux vous dire que vous êtes sauvé, et votre argent aussi.

Pendant la phase de stabilisation, on va introduire de nouveaux aliments financiers pour affiner votre gestion.

Je vous rappelle ce qu'on devrait avoir au démarrage de la phase de stabilisation :

— des livrets A, ou autres livrets à incitation fiscale ;

— des PEA avec pour l'instant uniquement des fonds indiciels ;

— des contrats d'assurance-vie multisupports avec 80 % de fonds euros et 20 % de fonds indiciels.

Vous pouvez introduire de nouveaux aliments dans votre régime.

AVERTISSEMENT : CE N'EST ABSOLUMENT PAS NÉCESSAIRE. On peut très bien vivre sa gestion avec ces aliments de base. Mais certains voudront ou devront, en fonction de leur appétit de risque, consommer d'autres produits.

Vous pouvez ajouter :

1. Des actions en direct

Dans vos PEA. Attention cependant à ce que je vous ai dit pendant la phase de consolidation (p. 108-109).

La Règle des 5

Investir en direct sur les actions, c'est-à-dire dans le cadre de votre PEA bien sûr, et pas à travers un fonds, est intéressant, à n'importe quel âge, même si vous êtes retraité, âge auquel on vous conseille habituellement de ne plus toucher aux actions car on veut vous mettre déjà au rebut. Mais il faut respecter plusieurs conditions résumées dans **« la règle des 5 »**

1. Investir à hauteur de 5 % seulement de vos économies. Vous n'êtes pas un professionnel, et vous êtes, par définition, non initié. Au-delà des 5 %, si vous voulez investir sur les marchés d'actions, utilisez des fonds.

2. N'investissez simultanément que sur 5 actions. Ni plus, ni moins. Pourquoi pas plus que 5 ? Parce que vous allez vous disperser, vous n'allez pas bien suivre votre portefeuille, vous allez vous perdre dans les fluctuations des cours et finir par vous lasser ou vous énerver. Pourquoi pas moins que 5 ? Pour diversifier votre risque. Au cas où une ou deux actions que vous avez choisies s'écroulent, vous devriez en avoir une ou deux qui limiteront la chute et une qui performera bien.

3. Passez 5 heures sur chaque société sur laquelle vous avez envie d'investir. Ne suivez pas uniquement votre instinct. Sondez. Creusez. Lisez, sur les actions que vous souhaitez sélectionner, les analyses que vous trouverez dans les journaux ou sur les sites boursiers, allez jeter un coup d'œil au site Internet de la société, assurez-vous que vous comprenez bien ce que fait celle-ci.

4. Projetez-vous à 5 ans même si vous revendrez peut-être avant. À 5 ans, d'après vous, cette société existera-t-elle encore, pourra-t-elle croître ? Pourquoi l'aimez-vous bien ? Dans 5 ans, aura-t-elle toujours le même attrait ? Saura-t-elle se développer tout en continuant à gagner de l'argent (j'ai oublié de vous dire : choisissez de préférence des sociétés qui gagnent de l'argent, ne jouez pas aux apprentis sorciers en investissant sur des sociétés qui en perdent parce que vous croyez à leur retournement ; pour 1 société qui passe des pertes aux bénéfices, 9 plongent vers la faillite).

5. Ne jouez pas sur le terrain des gros. Ayez confiance en vos propres choix. Les raisons les plus simples d'investir sont souvent les meilleures. Le bon sens vaut tous les grands raisonnements sophistiqués des grands « spécialistes ».

La règle des 5

Si vous souhaitez avoir des actions en direct dans votre portefeuille : il faut avoir 5 % de vos économies sur 5 actions de sociétés que vous avez passé au moins 5 heures à étudier et dont vous pensez qu'elles seront plus grosses et plus profitables dans 5 ans.

2. Des fonds

Pour l'instant, en théorie, vous n'avez dans votre PEA et dans la partie à risque de votre contrat d'assurance-vie multisupports que des fonds indiciels CAC 40 ou Eurostoxx 50 ou des trackers sur le CAC 40 ou l'eurostoxx 50. Vous pouvez, si vous le souhaitez, ajouter quelques ingrédients un peu plus épicés :

— les fonds d'un gérant que vous appréciez ;

— des fonds plus exotiques ;

— des fonds thématiques.

Vous avez une multitude de fonds. Sur les plateformes utilisées par de nombreux conseillers financiers indépendants, vous avez des milliers de fonds disponibles. Des fonds actions Europe, Amérique latine, Amérique du Nord, Asie, pays émergents, tout ceci par zone ou par pays, des fonds sectoriels ou thématiques (Finance, Immobilier, Or, Matières premières, Santé, Environnement, Technologies, Médias)… Des fonds gérés par des gérants indépendants connus comme Carmignac Gestion, La Financière de l'Échiquier, Moneta Asset Management, Oddo, Mandarine Gestion, Metropole Gestion et bien d'autres ou encore par des grands établissements comme Amundi, HSBC, BNP Paribas, Fidelity, etc.

SURTOUT ÉVITEZ LES FONDS GARANTIS ! Ces fonds qui sont supposés vous garantir votre capital tout en bénéficiant de la hausse du CAC, ou de la hausse de l'or, ou de la hausse de la température au pôle Nord sont des pièges à frais et commissions. Sauf rares exceptions, vous ne serez jamais gagnant…

ET COMME TOUJOURS, sur tous les fonds, attention aux frais. Vous devez exiger 0 frais d'entrée (moins de 0,5 % dans tous les cas), des droits de garde bas et sélectionner des fonds à frais de gestion limités.

3. Des sucres lents

À cette phase de régime, on peut également introduire des sucres lents, des produits qui ne sont pas nécessaires à votre alimentation financière mais qui peuvent apporter un petit plus en termes d'« énergie » à votre rendement.

• Les « bons » plans

Vous avez déjà un PEA.

Mais vous pouvez, si cela correspond à votre situation et à votre profil, ajouter dans la part « sans risque » :

Un plan d'épargne logement

Un seul par personne. Majeure. Plafond des versements à 61 200 euros et versements périodiques nécessaires. Produit liquide et sans risque autre que la faillite de la banque. Le rendement est raisonnable avec 2,5 % et il vous permet d'emprunter pour une acquisition ou la réalisation de travaux un montant qui dépend des intérêts que vous avez accumulés. Produit intéressant uniquement si vous envisagez une opération immobilière ou des travaux dans 4 ou 5 ans. Il existe une version plus light, le compte d'épargne logement.

Les plans d'épargne populaire

Je les cite pour ceux qui en ont car ils sont fermés depuis plus de sept ans. Dommage. C'étaient de bons produits. Si vous en avez un, gardez-le.

Un plan d'épargne entreprise

C'est un produit intéressant car vous pouvez y placer, si vous travaillez dans une entreprise, votre participation, votre intéressement en plus d'une partie de vos économies, et votre entreprise doit abonder a minima mais peut abonder jusqu'à 300 % de votre versement dans une limite fixée, par exemple, à 2 744 euros. Seuls petits problèmes : c'est l'entreprise qui décide d'en créer un, les fonds ne peuvent être investis que dans les actions de votre société, sur des fonds communs de placement d'entreprise et de fonds solidaires, et enfin votre argent est bloqué cinq ans.

Le PERCO (Plan d'épargne retraite collectif)

C'est un produit un peu particulier. Lié à l'épargne salariale. Vous êtes dépendant de votre entreprise car, pour ouvrir un PERCO, il faut que votre entreprise ait déjà créé un PEE. Ce produit permet de compléter à terme sa retraite mais les entreprises ne se bousculent pas au portillon car cela leur coûte de l'argent.

Le PERP (Plan d'épargne retraite populaire)

C'est un peu l'équivalent des fonds de pension anglo-saxons, version primitive. L'idée est de se constituer une rente à sa retraite en épargnant dès maintenant. Pas très excitant quand on le compare à l'assurance-vie du fait qu'on ne peut sortir du PERP qu'en rente viagère et uniquement à partir de 60 ans, sauf circonstances exceptionnelles, mais la défiscalisation lui donne un petit attrait.

La Préfon

Pour pouvoir souscrire à la Préfon, il suffit d'avoir travaillé au cours de sa carrière pour le service public et ce même pendant un très court laps de temps. La Préfon est aussi un régime de retraite par capitalisation. La gestion des actifs est confiée à CNP Assurances et à trois assureurs leaders en Europe : Allianz, Gan-Groupama et Axa. L'avantage fiscal est identique à celui du PERP. C'est-à-dire que les primes versées au cours d'une année sont déductibles du revenu imposable au titre de cette même année dans la double limite de :

— 10 % des revenus du travail après abattement de 10 % ;

— et de huit fois le plafond annuel de la Sécurité sociale de l'année n-1.

Ces plafonds s'apprécient en prenant en compte les versements dans la Préfon mais également les éventuels versements dans le PERP.

L'intérêt de la Préfon par rapport au PERP est que le versement de la rente est plus souple : il commence en principe à 60 ans, mais on peut l'anticiper à 55 ans ou le repousser à 70 ans.

• Les fonds à incitation fiscale

Les FCPI : Fonds communs de placement dans l'innovation

Ces produits ont beaucoup attiré les ménages les plus fiscalisés avant la crise et continuent à présenter quelques avantages. Le principal étant l'avantage fiscal à l'entrée. On peut déduire de son impôt 25 % de son investissement dans la limite de 12 000 euros par personne et de 24 000 euros pour un couple. Pour faire simple, vous investissez dans un fonds qui a pour obligation d'investir dans des sociétés innovantes, et vous ne risquez réellement que 75 % de votre investissement. Attention cependant à deux facteurs essentiels : les coûts (ils étaient exorbitants ; ils sont aujourd'hui grâce à Internet raisonnables) et la qualité de l'équipe de la société de gestion. N'oubliez pas non plus que l'argent ne sera pas disponible en pratique avant le terme du fonds (huit à dix ans) et qu'avant cinq ans vous perdez votre avantage fiscal.

Les FIP : Fonds d'investissement de proximité

C'est le cousin germain du FCPI. Les deux produits sont assez proches mais les FIP ont la contrainte d'investir dans des PME à hauteur de 60 %. Mêmes alertes que pour les FCPI : coûts, équipe de gestion et performances passées, liquidité…

• Les placements collectifs immobiliers

Les SCPI : Sociétés civiles de placement immobilier Communément appelées « pierre papier », ce sont des organismes de placement collectif qui ont pour objet l'acquisition et la gestion d'un patrimoine immobilier locatif (bureaux, entrepôts, murs de magasin, programme de défiscalisation immobilière). Pour constituer et gérer ce patrimoine, elles vont collecter de l'argent dans le public et redistribuer les loyers et/ou les avantages fiscaux aux porteurs de parts (les « associés »).

Les SCPI ont offert depuis vingt ans un rendement annuel moyen de 6 % net de frais de gestion. Les rendements sont très stables d'une année sur l'autre et vont de 5 % en 1994 à plus de 8 % en 1999. C'est un bon moyen d'accéder à un investissement immobilier sans capital important puisque le prix de souscription dépasse rarement les 1 000 euros. Par contre, les frais d'entrée sont très importants et peuvent aller jusqu'à 10 %. Ce qui est souvent très dissuasif.

LES OPCI : Organismes de placement collectif immobilier. Comme les SCPI, les OPCI ont pour objet d'investir dans des immeubles qu'ils donnent en location. Mais contrairement aux SCPI qui doivent être investies à 100 % sur des immeubles, l'allocation d'un OPCI est plus souple et diversifiée : 60 % en actifs immobiliers, 10 % en liquidités et 30 % d'actifs librement investis par les gérants.

Cette plus grande souplesse permet aux gérants d'OPCI de disposer d'un cadre d'investissement plus large. Elle permet également une plus grande liquidité : Comme les fonds ne sont pas entièrement investis dans de l'immobilier physique, les détenteurs de parts peuvent facilement les céder. En effet, c'est l'OPCI lui-même qui remboursera les parts et en émettra d'autres. À l'opposé, les revendeurs de parts de SCPI sont dans l'obligation de trouver un acheteur, et inversement.

En contrepartie de cette liquidité, l'OPCI ne permet pas de bénéficier totalement de la progression du marché immobilier.

Le produit venant d'être créé, il n'y a pas encore de retour sur la performance des OPCI mais ils peuvent être intégrés dans une gestion. À condition, encore une fois de contrôler les frais.

4. Des sucres rapides

Les sucres rapides sont des produits à risque, destinés à booster votre performance mais qui peuvent vous exploser à la figure.

Warrants, turbos et CFD

Nous avons évoqué le sujet pendant la phase de consolidation. Pour investisseurs ultra-qualifiés only. Warrants, bof ; turbos et CFD, oui pour ceux qui veulent faire de la F1. Dans tous les cas de figure, même pour les têtes brûlées, jamais plus de 5 % de vos placements sur ces produits.

La gestion alternative

Là, on sort de la gestion dite classique ou traditionnelle et on entre dans une catégorie de fonds qui a souvent défrayé la chronique : gestion alternative, fonds spéculatifs, *hedge funds*. Cette terminologie recouvre des produits extrêmement différents. Ces fonds sont destinés à des investisseurs avisés et sophistiqués. Si vous ne comprenez rien à la finance, laissez tomber et n'écoutez même pas les démarcheurs en tous genres.

Le principe de la gestion alternative, c'est de tenter de gagner de l'argent en étant « décorrélé ». C'est-à-dire sans corrélation à la Bourse. En théorie, ce sont des fonds qui doivent gagner de l'argent même si la Bourse baisse. En théorie seulement. Il y a des milliers de *hedge funds* et pour quelques stars connues il y a des milliers de tocards et des dizaines d'escrocs fils spirituels de Bernard Madoff. Si vous tenez à y aller, car vous êtes convaincu que vous avez le bon gérant ou le bon produit, évitez les produits placés dans les paradis fiscaux, dans lesquels vous n'avez aucune protection et privilégiez les fonds réglementés par l'AMF, l'Autorité des marchés financiers.

Conclusion de la phase de stabilisation

Dans la phase de stabilisation, vous POUVEZ, mais vous n'avez aucune obligation, ajouter des produits autres que les trois protéines de base, les livrets, les contrats d'assurance-vie et les PEA. Ces produits doivent permettre d'ajuster la gestion de vos économies en fonction de votre profil, de vos « goûts » et de vos objectifs.

QUATRIÈME PARTIE

Dix menus financiers simples

CAS N° 1. M. et Mme Vandamme

M. Jacques Vandamme a 50 ans.

Mme Christine Vandamme a 48 ans.

Jacques est cadre supérieur dans le secteur privé. Il travaille dans la même société depuis plus de dix ans. Perspectives d'emploi à cinq ans : pas de problèmes particuliers à l'horizon.

Christine est fonctionnaire et gardera son poste jusqu'à sa retraite.

Mariés sans contrat. Communauté de biens.

Trois enfants : 17 ans, 21 ans, 26 ans. Les trois sont étudiants et n'ont pas encore décollé de la maison. Ils sont de fait à charge.

Jacques doit aider son père Jean-Claude qui est veuf et touche une microretraite.

Revenus : 172 000 euros.
Charges (réelles) : 242 000 euros.
Solde budgétaire : déficit de 70 000 euros.

La famille Vandamme habite dans un joli pavillon dont la valeur estimée est de 670 000 euros avec un prêt immobilier résiduel de 180 000 euros (banque BIP).

La famille Vandamme est dans l'agence de la banque BIP depuis vingt ans. Une seule banque. Tout passe par cette banque.

M. Vandamme a un contrat d'assurance-vie multisupports souscrit à travers la banque BIP avec 340 000 euros placés intégralement sur des fonds actions. Il ne verse plus d'argent. Les frais sur versements sont de 4 %.

M. et Mme Vandamme ont chacun un livret A avec 10 000 euros dessus.

Et ils ont chacun un PEA ouvert dans leur banque, avec 150 000 euros sur chaque PEA. Les PEA sont uniquement investis dans des actions que M. Vandamme choisit en lisant les journaux. La banque prend une commission d'opération de 1 % pour chaque achat ou vente d'actions.

Mme Vandamme reproche à M. Vandamme d'être trop casse-cou et d'avoir toujours tout misé sur la Bourse. Du coup, PEA et contrats d'assurance-vie ont suivi le CAC avec une chute de 42 % en 2008, et M. Vandamme n'a pu regagner que 5 % à la hausse en 2009. Alors que le CAC remontait de 21 % en 2010, il a reperdu 10 %.

• Diagnostic

La gestion des économies de M. et Mme Vandamme est dangereusement déséquilibrée. La part de risque est totalement déraisonnable.

Par ailleurs, la gestion budgétaire et la gestion financière du couple sont lourdement pénalisées par des dépenses et des coûts excessifs.

Indice de risque optimal (IRO) : 40 %.

• Régime

— **Réduire les dépenses** budgétaires pour les ramener au niveau des revenus. Si ce n'est pas fait, aucune gestion des économies du couple ne permettra de rétablir un début d'équilibre.

— **Définir des objectifs de gestion**. C'est simple : la priorité du couple est de s'assurer un complément de retraite et un éventuel complément de revenus entre-temps.

— **Réduire la part de risque :** conserver, pour préserver l'antériorité, le contrat d'assurance-vie de la banque BIP mais céder 70 % des fonds actions détenus dans le contrat pour acheter 70 % de fonds euros. Compte tenu des frais élevés que la banque s'est attribués, réclamer que l'arbitrage se fasse sans aucun frais.

— **Diversifier les relations financières :**

• ouvrir un compte titres dans une banque en ligne sélectionnée avec soin pour y transférer le PEA de Monsieur. Pas la peine de lutter, Monsieur aime jouer en Bourse, mais autant qu'il le fasse en payant le moins de frais possible ;

• ouvrir un contrat d'assurance-vie en ligne et y verser 100 000 euros provenant de la liquidation d'une partie du PEA de Madame qui a plus de huit ans donc pas d'imposition sur les plus-values. Dans ce contrat mettre 50 % de fonds euros et 50 % de fonds indiciels en actions européennes et internationales.

— **Allier défiscalisation et retraite :** ouvrir un PERP, ou un PERCO, pour profiter du statut de fonctionnaire de Christine, et y verser 30 000 euros provenant de la liquidation partielle de son PEA de Madame. Les versements dans la limite de 10 % des traitements et salaires après abattement de 10 % sont déduits du revenu imposable. Certes, l'argent est bloqué jusqu'à la retraite mais ce sera toujours ça que Monsieur ne jouera pas…

— **Générer un revenu :** il faut que M. Vandamme achète, dans son PEA, des valeurs de rendement qui vont lui distribuer des dividendes confortables et peuvent lui assurer un complément de revenu.

— **Réduire l'ISF.** Compte tenu de leur patrimoine M. et Mme Vandamme sont soumis à l'ISF. Comme M. Vandamme aime les entreprises, il peut investir dans une ou deux PME et bénéficier d'une réduction de son ISF à hauteur de 67 % de son investissement.

CAS N° 2. Mme Jeanne Morel

Mme Jeanne Morel a 39 ans.

Elle est divorcée depuis cinq ans de M. Jean-Claude Dusse.

Un enfant : 14 ans.

Les parents de Jeanne sont autonomes. Ils ne l'aident pas, elle ne les aide pas.

Kinésithérapeute. Installée à son compte. Ça marche. Sans plus. Mais pas de risque à moyen terme.

Revenus nets : 43 000 euros.

Dépenses : 37 000 euros.

Solde budgétaire : 6 000 euros.

Jeanne est locataire.

Jeanne a 12 000 euros dans un CEL qui rapporte du 1,25 % (plus 0,50 % à la sortie en cas de prêt immobilier).

Sa fille a un livret Jeunes avec 1 600 euros, le plafond.

Jeanne a un contrat d'assurance-vie en euros depuis quatre ans avec 25 000 euros, qui lui a rapporté 3,9 % en 2010. Elle paie 3 % sur les versements et verse maintenant 300 euros par mois.

Jeanne a un livret A dans sa banque avec 7 000 euros.

• Diagnostic

Jeanne se débrouille bien. Elle gère au mieux son budget et a fait des choix raisonnables en matière de gestion de ses économies.

Elle pourrait aujourd'hui améliorer sensiblement sa gestion pour se constituer une « épargne retraite immobilière ».

IRO : 25 %.

• Régime

— Même si sa gestion semble efficace, Jeanne doit lister ses dépenses pour tenter de **faire encore quelques économies**.

— Jeanne devrait envisager **l'achat de sa résidence principale**. Elle a aujourd'hui de quoi constituer un apport et un revenu et un solde budgétaire qui lui ouvre l'accès à un prêt. Qui sait ce qu'il peut se produire dans trois ou quatre ans ? En cas de difficulté professionnelle, même mineure, elle ne pourra plus obtenir de prêt…

— Jeanne peut utiliser son **CEL** pour obtenir des conditions de prêt privilégiées, se servir de l'argent du CEL, du **PEA** et emprunter contre **son contrat d'assurance-vie** un tiers des 25 000 euros (éviter un retrait du contrat d'assurance-vie fortement taxé). Elle conservera un matelas de sécurité dans son contrat d'assurance-vie de deux tiers en cas de difficulté, toujours 50 % en fonds euros, 50 % en fonds actions européennes (attention à négocier les frais d'arbitrage).

CAS N° 3. M. et Mme Gekko

M. Fabrice Gekko a 43 ans.

Mme Sveltana Gekko a 23 ans.

M. Gekko a quatre enfants à charge de trois mariages précédents : 4, 7, 12 et 16 ans.

M. Gekko est trader dans une grande banque française. Parcours sans accroc jusqu'en 2008. Situation plus tendue depuis la crise des subprimes ; il a gardé son poste avec un bon salaire mais n'a aucune visibilité sur l'avenir. En sursis permanent.

Mme Gekko est un ancien mannequin et ne travaille plus.

M. Gekko est locataire.

Revenus M. Gekko 2010 : 300 000 euros de salaire plus 600 000 euros de bonus.

Dépenses M. et surtout Mme Gekko : 750 000 euros.

Solde budgétaire : 150 000 euros.

M. Gekko a 1 million d'euros chez un courtier en ligne où il paie en moyenne 0,10 % par transaction. Il achète et vend des actions tous les jours. Ne perd rien mais ne gagne rien non plus.

• Diagnostic

M. Gekko risque la double peine en cas de rechute des marchés et de crise financière : perte de son travail et perte de son argent placé en actions.

IRO : 50 %.

• Régime

— **Baisse drastique des dépenses**. M. Gekko doit dire à Madame qu'il n'aura pas de bonus cette année et qu'elle doit arrêter ses dépenses. C'est un *win win* : soit elle accepte et leur budget va encore s'améliorer de façon spectaculaire, soit elle refuse et le quitte, et il saura qu'elle n'était là que pour son argent.

— M. Gekko accepte de jouer sur la Bourse mais seulement pour 100 000 euros qu'il logera dans un **PEA** et pas dans un compte titres classique. Il peut rester chez son courtier en ligne, si c'est la filiale d'une banque solide. Les frais payés sont compétitifs.

— M. Gekko va **ouvrir un contrat d'assurance-vie** en ligne avec 70 % en fonds euros et 30 % en fonds indiciels européens et internationaux. Il va verser sur ce contrat 300 000 euros et demander un versement automatique mensuel de 10 000 euros tant que sa rémunération reste élevée.

— M. Gekko va faire la tournée des banques, en utilisant des comparateurs Internet, pour trouver le meilleur prêt immobilier pour l'**achat de sa résidence principale**. Il va mettre un apport de 500 000 euros. Il achètera probablement un appartement qui fera la moitié de la taille de celui qu'il loue. Mais, s'il tient dans son travail, avec un prêt de dix ans maximum, cette épargne forcée lui permettra de se garantir un toit et un capital en cas de difficulté.

— M. Gekko va également investir 100 000 euros dans des produits à incitation fiscale comme des **FCPI** ou des **FIP**, qu'il sélectionnera avec beaucoup de rigueur.

CAS N° 4. Mme Louise Blériot

Madame Louise Blériot a 70 ans.

Elle est retraitée.

Ses trois maris sont morts.

Trois enfants : 50, 42, 39 ans. Aucun à charge et elle ne parle ni à ses enfants ni à ses petits-enfants.

Retraite : 9 000 euros nets.
Dépenses : 30 000 euros nets.
Solde budgétaire : déficit de 21 000 euros.

Louise a hérité. À la mort de chacun de ses maris.

Elle a tout placé sur un contrat d'assurance-vie multi-supports mais avec très majoritairement des fonds euros. 1 million d'euros tout rond. Aucun versement. Elle a négocié des conditions très favorables avec le banquier qui lui a vendu le contrat d'assurance-vie il y a dix ans. Elle est dans une des cinq premières banques françaises. Elle retire chaque année de quoi couvrir son solde de dépenses.

• Diagnostic

Je ne conseille pas à un homme de se marier avec Louise… Elle ne porte pas chance. Mais ce n'est pas le sujet. Louise profite de la vie grâce à son capital. Comme elle semble profondément égoïste, elle n'a pas de problématique de succession. Elle doit juste envisager, si elle a survécu à trois maris, qu'elle peut devenir centenaire et que, dans ce cas, si les taux baissent encore, son capital pourrait ne pas suffire à assurer son train de vie. Il va donc falloir prendre un tout petit risque pour booster sa performance.

IRO : 15 %.

• Régime

— Rien à dire sur les dépenses.

— Rien à dire sur le choix de la banque et les coûts du contrat d'assurance-vie.

— Louise doit appeler son banquier et lui demander un arbitrage, à coût nul ou réduit (mais ça elle sait faire) sur 30 % de son contrat d'assurance-vie pour sortir des fonds euros et prendre **25 % de fonds actions et 5 % de fonds or**.

CAS N° 5. M. et Mme Poli

Brad a 26 ans.

Angelina a 24 ans.

Brad et Angelina sont jeunes cadres dans des sociétés de production cinématographique. L'horizon est dégagé. L'avenir leur sourit.

Brad a reçu 80 000 euros en héritage il y a quelques années.

Ils se sont mariés cette année. Le 30 juin, afin de profiter avant qu'il ne disparaisse de l'avantage fiscal des trois déclarations.

Ils viennent d'adopter un enfant.

Salaire du couple : 48 000 euros nets.

Charges : 48 000 euros.

Solde : zéro. Pointé.

Ils sont locataires d'un loft dans un quartier branché.

Ils profitent de la vie et de leur jeunesse sans penser à l'avenir.

• Diagnostic

Brad a passé le cap des 25 ans. Il a fondé une famille. Brad et Angelina ont maintenant la responsabilité de modifier un peu leur mode de vie et de garantir à leur fille une vie confortable.

IRO : 40 % à 50 %.

• Régime

— Moins de sorties, moins de dépenses, moins de coiffeurs : on **serre le budget**.

— Ayant dégagé une capacité d'épargne, Brad et Angelina vont se forcer à virer tous les mois leur solde budgétaire sur un PEL. Pour eux le PEL a l'avantage d'être bloqué. C'est de l'épargne forcée. Qui va, en plus, leur permettre d'avoir un prêt à des taux préférentiels : dans quelques années, **ils doivent acheter leur résidence principale**.

— 50 % de l'argent dont Brad a hérité, soit 40 000 euros, sera investi dans un contrat d'assurance-vie multisupports (50 % fonds en euros, 50 % fonds indiciels ou fonds de gérants indépendants de qualité) ; 25 % dans des livrets réglementés A et LDD ; 25 % dans un compte titres PEA en ligne avec des actions à haut rendement du CAC 40.

CAS N° 6. Tanguy Skywalker

Tanguy a 40 ans.

Il est ingénieur dans une grande société du secteur informatique.

Il vit seul, chez ses parents.

Revenu : 68 000 euros nets par an
Dépenses : 8 000 euros par an
Solde budgétaire : 60 000 euros.

Il a accumulé un joli patrimoine de 600 000 euros. Placé dans un seul contrat d'assurance-vie en euros qui lui rapporte 3 % par an depuis deux ans avec des frais de versement de 3 %…

Il passe ses soirées à jouer à la Playstation et à surfer sur Internet. Ses seules dépenses sont les figurines de collection de Star Wars.

• Diagnostic

Tanguy doit penser à l'avenir. Il doit diversifier ses placements et réfléchir à un investissement immobilier direct ou à travers des fonds spécialisés.

IRO : 50 %.

• Régime

— En matière de réduction de dépenses, rien à dire. Au contraire.

— Il doit arrêter ses versements sur son contrat d'assurance-vie. Le conserver pour éviter les implications fiscales. Hurler sur son vendeur d'assurances du fait de la performance médiocre du contrat… et comme par hasard, la performance va s'améliorer l'année prochaine.

— Il va ouvrir un **contrat d'assurance-vie multisupports en ligne** dans une grande compagnie d'assurance : 50 % de fonds euros ; 50 % de fonds d'actions françaises de rendement, de fonds diversifiés et de fonds indiciels, et y verser tous les mois une partie de son excédent budgétaire.

— Pour le long terme et pour sa retraite, il va acheter des parts de **SCPI**. Cela lui apportera des revenus complémentaires et une petite diversification de son patrimoine.

— Il ouvrira chez un courtier en ligne, filiale d'un grand groupe, un compte titres **PEA** avec des actions de groupes informatiques, de sociétés de jeux vidéo et de pépites Internet (il connaît bien le secteur).

— Pour sa retraite, il ouvre un **PERP** pour profiter des avantages retraites et fiscaux.

— Quand il sera prêt à quitter la maison, il faudra qu'il achète sa résidence principale, à moins que ses parents ne meurent avant.

CAS N° 7. Martin Decaunes

M. Martin Decaunes a 68 ans.

Il est divorcé.

Il a cinq enfants. De la même femme. Grecque. Rencontrée à Corfou dans leur jeunesse.

Revenus : 70 000 euros par an de pension de retraite (pour l'instant on la lui paie…), plus 50 000 euros de revenus locatifs provenant de deux biens immobiliers situés à Paris de 500 000 euros de valeur chacun.

Dépenses : 120 000 euros. Il profite de la vie et fait profiter ses enfants qui sont tous indépendants.

Solde budgétaire : 0.

Martin est locataire depuis le divorce – ils ont vendu la maison de famille lors du divorce. Il est satisfait de son niveau de vie (ça existe en France !).

Martin Decaunes a un compte titres PEA et un compte titres ouverts dans sa banque il y a plus de dix ans. Les deux sont en forte plus-value avec 200 000 euros dans l'un et 150 000 euros dans l'autre. Sa banque est la filiale française d'une banque grecque depuis son mariage. Pour faire plaisir à sa femme.

• Diagnostic

Martin fait un sans-faute… dans la gestion de ses économies.

En revanche, tous ses efforts pour gérer au mieux son argent à la Bourse pourraient se terminer en débâcle en cas de nouvelle secousse en Europe et en Grèce en particulier.

Martin doit également penser un peu à sa succession.

IRO : 35 %.

• Régime

— Évacuation immédiate de tout l'argent de la filiale de la banque grecque. Direction une bonne grosse banque après avoir négocié les commissions ou une banque en ligne filiale d'une bonne grosse banque française.

— Martin va en profiter pour transmettre les 150 000 euros qu'il a dans son comptes titres, à parts égales, à ses cinq enfants : il ne va pas liquider son compte-titres pour éviter de payer un impôt sur la plus-value mais il va faire une donation. Les enfants vont recevoir les titres. Le calcul de la plus-value pour les enfants se fera sur la base de la valorisation des titres au moment de la donation et pas au cours d'achat. Pas de droit de succession puisque un parent peut faire une donation dans la limite de 150 000 euros à chacun de ses enfants tous les six ans.

— Martin va également ouvrir un contrat d'assurance-vie et désigner comme bénéficiaires ses enfants à parts égales. Il va y mettre 100 000 euros en liquidant une partie de son PEA. Il conservera le solde dans un PEA ouvert, comme le contrat d'assurance-vie, dans la nouvelle banque de son choix.

CAS N° 8. M. et Mme Jamet-Trottare

Octave a 58 ans.
Virginie a 50 ans.

Octave est grand reporter dans un magazine.

Virginie travaille dans un groupe de distribution de produits culturels.

Octave et Virginie ont deux enfants. Débrouillards. Ils sont indépendants financièrement depuis qu'ils ont 18 ans. Ils ont 20 et 22 ans.

Ils sont locataires et ne pourraient jamais s'acheter un appartement équivalent à celui qu'ils louent.

Octave a les poches percées et Virginie s'inquiète pour leur avenir et se demande s'il n'est pas trop tard.

Revenus : 140 000 euros
Dépenses : 137 000 euros
Solde budgétaire : 3 000 euros (les années où Octave n'est pas trop généreux…)

Ils ont un contrat d'assurance-vie en euros pris chez un assureur avec des droits d'entrée de 3 % et une performance depuis deux ans largement inférieure à la concurrence pour 70 000 euros.

• Diagnostic

Octave est né cigale. Difficile de le faire changer à 58 ans. Et pourtant il est urgent de prendre l'avenir de son couple en main. Il doit se garantir un complément de retraite et même tenter de sécuriser un toit pour leurs vieux jours.

IRO : 30 %.

• Régime

— Réduire les dépenses de 20 000 euros pour dégager une capacité d'épargne de 23 000 euros minimum par an.

— Octave et Virginie doivent accepter un autre sacrifice. Changer éventuellement de quartier et vivre dans un appartement plus petit, pour pouvoir acheter leur appartement. Ils ont des revenus et peuvent donc obtenir un crédit hypothécaire dans une banque. Ils doivent acheter leur résidence principale. Ce sera leur vrai capital retraite. Ils peuvent utiliser l'argent de l'assurance-vie et emprunter de l'argent à des proches ou à de la famille pour constituer un apport pour leur achat immobilier. Le solde dégagé par la réduction de leurs dépenses leur permettra de rembourser rapidement l'argent emprunté pour un apport.

— Ils doivent ouvrir un contrat d'assurance-vie à frais d'entrée 0 pour y verser tous les mois 1 000 euros. Un contrat avec 50 % de fonds actions et 50 % de fonds en euros.

— Virginie doit également ouvrir un Préfon et y verser 100 euros par mois. Elle y a droit puisqu'elle a dans sa jeunesse travaillé deux ans comme professeur dans un lycée.

CAS N° 9. Mme Violette Leduc

Mme Violette Leduc a 65 ans.

Elle est veuve.

M. Leduc est décédé il y a quelques mois. Il s'occupait de la gestion des économies du couple. Il a géré jusqu'à sa retraite en bon père de famille mais, par ennui, a commencé à prendre plus de risques après son départ à la retraite.

Elle a deux enfants de 30 et 34 ans.

Revenus : 7 000 euros par an (pension de reversion de son mari).

Dépenses : 9 000 euros par an.

Solde : – 2 000 euros.

Violette est heureusement propriétaire de sa résidence principale sur laquelle il n'y a plus aucun emprunt. Un petit pavillon à Deuil-la-Barre dans le 95. Valeur : 340 000 euros.

Placements

Livret A : 300 euros.

PEA dans une banque française, la banque historique de la famille : 400 euros seulement du fait de fortes moins-values récentes. (M. Leduc a fait une crise cardiaque quelques mois après la faillite de la banque américaine Lehman alors que la Bourse était au plus bas.)

Comptes titres : 3 000 euros en forte plus-value car Violette avait interdit à M. Leduc de jouer avec.

Assurance-vie : contrat ouvert en ligne avec 80 000 euros dont 20 % en fonds euros et 80 % en fonds alternatifs ultraspéculatifs.

10 000 euros placés dans un FCPI bloqué encore trois ans.

• Diagnostic

Mme Violette Leduc va devoir prendre ses affaires financières en main. Si elle réagit vite, sa situation restera assez confortable. Elle a besoin de revenus supplémentaires et de sécurité.

IRO : 10 %.

• Régime

— **Clôture du PEA et du compte titres**. Les moins-values de l'un vont s'imputer sur les plus-values de l'autre. Donc pas d'imposition. Le tout sera transféré sur un livret A avec un transfert automatique mensuel sur son compte courant pour lui permettre de compenser partiellement son solde négatif.

— Sur son contrat d'assurance-vie, elle va demander un arbitrage pour avoir 100 % en fonds euros. Elle évite les retraits pendant cinq ans pour ne pas subir de fiscalité pénalisante.

— Dans trois ans, elle doit récupérer l'argent placé dans le FCPI et le transférer sur son livret A.

— Dans cinq à six ans, elle pourra, si nécessaire, envisager de céder sa maison en viager.

CAS N° 10. M. Jean-Paul Bigoude

Jean-Paul a 27 ans.

Il est barman. Il enchaîne les CDD et les CDUS (conquêtes d'un soir). De Saint-Tropez en été à Courchevel en été, il est toujours nourri, logé, blanchi.

Revenus : 25 000 euros nets annuels, plus 25 000 euros de pourboires.

Charges : 45 000 euros.

Solde budgétaire : 5 000 euros.

Jean-Paul ne connaît rien à la finance, il déteste les financiers.

Il a juste ouvert un livret A dans lequel il a mis 10 000 euros dont une partie déposée en espèces (le fisc va adorer…).

Jean-Paul a un rêve : ouvrir un bar « Chez Johnny Bigoude ». Sur la côte varoise.

• Diagnostic

Jean-Paul pourrait continuer à vivre tranquillement quelques années sans penser à l'avenir. Mais il a un rêve. Il va donc devoir s'intéresser à ses affaires financières et se serrer la ceinture. En revanche, son système de location gratuite est très efficace, il doit le faire durer tant qu'il y parvient…

IRO : 35 %.

• Régime

— Réduction des dépenses. Drastique.

— Versement mensuel sur le livret A qu'il doit transférer dans une banque proche de l'endroit où il veut s'installer : cela va lui permettre d'obtenir dans trois ou quatre ans un prêt pour monter son bar.

— Jean-Paul peut prendre un peu de risque, mais pas trop ; pendant trois ou quatre ans. Pour compléter un apport. Il va donc ouvrir un PEA dans sa banque et y faire des virements mensuels automatiques. Dans son PEA il va choisir les fonds de gérants indépendants réputés qui ont fait d'excellentes performances pendant les cinq dernières années, y compris pendant la crise.

CONCLUSION

Remettre à plat la gestion de vos économies, limiter et contrôler votre risque, améliorer les revenus de votre capital : les vérités que je vous ai assenées, les commandements que je vous ai transmis et le régime que je vous ai proposé doivent vous permettre d'atteindre ces objectifs.

En peu de temps. Douze semaines maximum. Trois mois.

Compte tenu des enjeux, trois mois, c'est finalement très court, même pour ceux que les choses d'argent rebutent.

À l'issue de ce régime, vous devez avoir une gestion de vos placements qui correspond au plus près à ce qui vous convient.

Bien évidemment, en fonction de l'évolution de votre situation, personnelle ou professionnelle, mais également en fonction de l'évolution des taux d'intérêt, des marchés financiers ou de l'environnement fiscal ou tout simplement du temps qui passe (et qui nous vieillit tous...), vous aurez à effectuer des ajustements. Principalement en faisant varier le curseur de la part risque dans votre portefeuille, dans un sens ou dans une autre. Mais vous êtes équipé aujourd'hui pour les temps de grosses tempêtes tout en profitant, un peu ou beaucoup, des phases d'ensoleillement. Respectez les commandements et le déroulement des différentes phases.

Le régime nécessite de votre part, bien évidemment, un travail d'approfondissement. Il faudra intégrer notamment des notions de transmission, de succession et de fiscalité. **N'oubliez pas que je me tiens à votre disposition sur www.monsieurfinance.com** pour un diagnostic, le calcul de votre IRO (indice de risque optimal) ou toute autre question sur la gestion de vos économies.

Mais l'essentiel est là. **L'essentiel, c'est de vous occuper de vos économies**. C'est déjà un grand pas. Et de ne pas ignorer le sujet. **L'essentiel consiste à se décomplexer vis-à-vis de la finance** (avec un tout petit f) et des financiers (avec un f microscopique), à modifier totalement votre relation avec vos banquiers, à transformer votre rapport aux placements financiers qui ne sont rien d'autre que des produits de consommation.

Compte tenu de l'environnement économique et financier qui ne va pas s'améliorer de façon spectaculaire avant quelques années et des problématiques de retraite dont le système est déjà en faillite virtuelle, votre argent doit vous intéresser, vous devez le protéger, le soigner et le maintenir en parfaite santé.

Vous n'avez pas le choix.

REMERCIEMENTS

Je tiens à remercier toute l'équipe d'allofinance.com, en particulier Gauthier Maes et Maxime Marcon pour l'aide qu'ils m'ont apportée.

Composé par Nord Compo Multimédia
7, rue de Fives, 59650 Villeneuve-d'Ascq

Cet ouvrage a été achevé d'imprimer en décembre 2010
sur les presses de l'imprimerie SIO
94120 Fontenay sous Bois

Dépôt légal : Janvier 2011
N° d'édition : 51378/01. – N° d'impression : 0122391
Imprimé en France